AF465241

R
7209

ESSAI

SUR

L'INSTRUCTION POPULAIRE

DANS SES RAPPORTS

AVEC

L'ÉDUCATION ÉCONOMIQUE & SOCIALE

Organisation d'un enseignement supérieur populaire

Par Émile COSSON

Avocat à la Cour de Paris

> « Faites du travail manuel une profession libérale et cela en la dotant de ce qui constitue en réalité la profession libérale : du savoir et de l'intelligence. » DAUBY.

PARIS

A. DURAND ET PEDONE-LAURIEL, ÉDITEURS

LIBRAIRES DE LA COUR D'APPEL ET DE L'ORDRE DES AVOCATS

G. PEDONE-LAURIEL, Successeur

13, RUE SOUFFLOT, 13

1886

ESSAI

SUR

SUR L'INSTRUCTION POPULAIRE

DANS SES RAPPORTS

AVEC

L'ÉDUCATION ÉCONOMIQUE ET SOCIALE

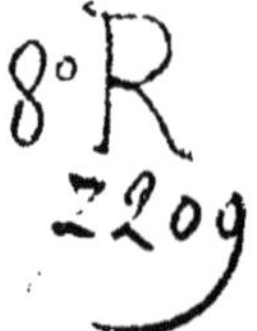

ERRATA

Page 11, ligne 12, au lieu de *consommations*, lire *consommation*.
Page 20, ligne 11, au lieu de *polique*, lire *politique*.
Page 29, ligne 29, au lieu de *lecture*, lire *lectures*.
Page 33, ligne 3, au lieu de *le mieux. A*, lire *le mieux, à*.
Page 36, ligne 16, au lieu de *Schulze-Delitzcsh*, lire *Schulze-Delitzsch*
Page 38, ligne 16, au lieu de *Péterbourg*, lire *Pétersbourg*.
Page 39, ligne 10, au lieu de *nul*, lire *uni*.
Page 41, ligne 17, au lieu de *Madeeasy*, lire *Made easy. L'ouvrier*.
Page 69, ligne 13, lire *ont été entendus oscillent entre le programme*.
Page 89, ligne 13, au lieu de *lockonts*, lire *lockouts*.

ESSAI

SUR

L'INSTRUCTION POPULAIRE

DANS SES RAPPORTS

AVEC

L'ÉDUCATION ÉCONOMIQUE & SOCIALE

Organisation d'un enseignement supérieur populaire

Par Émile COSSON

Avocat à la Cour de Paris

« Faites du travail manuel une profession libérale et cela en la dotant de ce qui constitue en réalité la profession libérale : du savoir et de l'intelligence. » DAUBY.

PARIS
A. DURAND ET PEDONE-LAURIEL, ÉDITEURS
LIBRAIRES DE LA COUR D'APPEL ET DE L'ORDRE DES AVOCATS
G. PEDONE-LAURIEL, Successeur
13, RUE SOUFFLOT, 13
1886

(C.)

A M. IMBART DE LA TOUR

Ancien élève de l'École Normale Supérieure,

Maître de Conférences à la Faculté des Lettres de Bordeaux.

MON CHER AMI,

Je te dédie ce petit travail où j'ai essayé de préciser une idée qui nous est commune : *l'organisation d'un enseignement supérieur populaire*. Je te l'offre en souvenir de nos années d'études, et des entretiens que nous avons eus avec nos amis sur l'éducation économique et sociale des classes laborieuses.

Paris, 23 Décembre 1885.

E. COSSON.

INTRODUCTION

L'INSTRUCTION TECHNIQUE ET LE PROGRÈS MORAL.

Grâce au morcellement de la propriété, la France n'a pas, comme l'Angleterre, l'Italie, l'Espagne et les pays de l'Europe orientale, à redouter l'agitation que soulève la solution des questions agraires. Mais par suite de l'attraction considérable que les villes exercent sur les campagnes, les questions ouvrières industrielles ont chez nous une importance considérable.

Aujourd'hui, tous les esprits éclairés reconnaissent la nécessité de l'instruction technique, depuis que les sciences ont pris le pas sur les lettres. Pour que la France puisse voir ses ouvriers, ses industriels et ses commerçants lutter honorablement contre la concurrence étrangère, il faut à l'industrie et au commerce un enseignement professionnel.

La Révolution, après avoir supprimé les corporations de l'ancien régime, comprit la nécessité d'établir un large enseignement industriel. Depuis cette époque, la transformation absolue de l'industrie a rendu l'enseignement professionnel indispensable

Malheureusement, les études professionnelles ont été négligées dans notre pays; les établissements où on les a introduites sont peu nombreux, et pour leur création on n'a pas suivi un plan nettement arrêté : aussi les essais tentés ont été timides ou infructueux; ils sont incohérents et peuvent tout au plus indiquer dans quelle direction pourrait se trouver la solution du problème de l'enseignement technique.

La loi du 11 décembre 1880 a placé les écoles manuelles d'apprentissage au nombre des établissements d'enseignement primaire, et la loi du 28 mars 1882, a introduit dans le programme des écoles primaires « les travaux manuels et l'usage des outils des principaux métiers » ; mais jusqu'au vote de ces lois l'Etat avait fait peu de chose pour l'enseignement technique. En effet, l'enseignement primaire supérieur et l'enseignement secondaire spécial ne profitent pas aux fils d'ouvriers.

L'administration de la Ville de Paris a montré beaucoup plus d'initiative. Comprenant qu'il faut ménager une transition entre l'école et l'atelier, et former des ouvriers instruits et habiles dans l'ensemble de leur état, la Ville de Paris a créé deux types d'écoles d'apprentis : *l'école dans l'atelier* (école de la Villette) et *l'atelier dans l'école* (école de la rue Tournefort, système de M. Salicis). Elle a aussi fondé des écoles d'apprentissage, une école supérieure du travail manuel pour la formation du personnel enseignant et enfin des cours commerciaux de garçons et de filles.

On pourrait aussi signaler un certain nombre d'écoles professionnelles de garçons et de filles dues à l'initiative de simples particuliers (1), de chambres syndicales ou de l'Union centrale des arts appliqués à l'industrie (2).

En attendant que le législateur ait découvert la solution du difficile problème de l'enseignement professionnel, on ne saurait trop encourager les patronages et les cours professionnels créés par les municipalités et l'initiative privée.

Les écoles professionnelles et l'apprentissage ont pour but d'apprendre un métier. Dans une démocratie qui se compose en majeure partie d'hommes pour qui le travail manuel est la principale ressource, et à une époque où le progrès et la civilisation éveillent en nous la notion et le besoin de jouissances nouvelles, l'instruction professionnelle n'est-elle pas un des moyens d'améliorer la situation de l'ouvrier en formant de bons travailleurs et non des déclassés? Elle est absolument nécessaire dans la lutte contre les difficultés de la vie.

Mais l'enseignement technique, même complété par la culture scientifique et littéraire, ne peut pas suffire dans une démocratie. Le progrès industriel, résultat de la science, est intimement lié au progrès intellectuel et

---

(1) Citons MM. Ménier à Noisiel, Schneider au Creusot, A. Chaix et Cie, imprimeurs-éditeurs à Paris.

(2) Sur l'état de l'enseignement technique en France, voir les *Rapports présentés en 1884 au Conseil supérieur de l'enseignement technique*, par MM. Tresca, Siegfried et de Comberousse.

Les rares écoles professionnelles, dont le type est l'école d'apprentis du boulevard de la Villette à Paris, répondent à la nécessité d'élever chez tous les ouvriers le niveau du savoir professionnel théorique et pratique.

moral : l'histoire montre que les progrès matériels sont peu durables quand ils ne sont pas accompagnés d'un égal progrès moral.

Channing a dit : « Craindre que développer l'intelligence d'un peuple soit l'appauvrir et l'affamer, c'est avoir peur d'une ombre. Je pense au contraire qu'avec l'accroissement de la puissance intellectuelle et morale d'un peuple, sa puissance productive grandira, que l'industrie deviendra plus efficace, qu'une plus sage économie accroîtra sa richesse, qu'on découvrira dans l'art et la nature des ressources qu'on n'a pas encore imaginées. Les moyens d'existence sont d'autant plus aisés qu'un peuple devient plus éclairé, plus résolu, plus juste lorsqu'il se respecte davantage. »

« Les progrès de l'industrie, dit M. P. Leroy-Beaulieu, les inventions de l'esprit humain, l'accumulation des capitaux formés par l'épargne, contribueront chaque jour à élever la situation matérielle de l'ouvrier, c'est-à-dire à lui donner des salaires plus amples et des loisirs plus longs. Mais c'est sur le moral surtout qu'il importe d'agir » (1).

Dans un pays de suffrage universel, on doit chercher à développer le sentiment moral chez ces grandes foules, qui, à l'heure qu'il est, mènent le monde et dont la détresse intellectuelle est parfois déplorable.

Les mœurs, l'instruction, l'éducation, voilà les pivots de l'ordre moral.

L'ignorance est autant que la misère l'ennemie de tout perfectionnement.

---

(1) *La question ouvrière au XIXe siècle*, page 339.

Si le gros bon sens suffisait pour apercevoir le côté spécieux d'un argument, l'erreur d'une thèse historique, philosophique, économique ou sociale, réfuter un paradoxe ou un sophisme, on pourrait, comptant sur les bons sentiments de chacun, se résigner à l'inaction et ne pas chercher à remédier aux écarts regrettables de notre démocratie moderne.

Mais, de nos jours, le socialisme révolutionnaire ne manque pas d'adeptes, et le socialisme d'Etat tend à devenir une doctrine politique; la propriété individuelle, la famille, les aspirations généreuses et spiritualistes ne sont plus entourées d'un respect universel. On dénigre parfois les institutions passées de notre histoire nationale, au lieu de chercher à les expliquer en montrant l'enchaînement des phases successives de l'évolution de l'esprit français. D'autre part, le développement des découvertes scientifiques et des inventions, la concurrence étrangère en matière d'agriculture, d'industrie et de commerce amènent des crises économiques dont les causes et les remèdes sont ignorés de ceux qui en sont les premières victimes. Et cependant, la connaissance des vicissitudes dont la vie industrielle est assaillie conseillerait la prévoyance sous les formes si variées dont l'association et la mutualité sont devenues le foyer fécondant.

Aussi, la nécessité d'éclairer le peuple sur les lois générales de la société et les principes de l'économie politique et des sciences qui en sont les auxiliaires est-elle de nos jours bien évidente.

En effet, on peut s'adresser à la raison et à l'intérêt pour faire apprécier à sa juste valeur l'organisation de notre société, ses origines dans le passé et le lien étroit qui l'unit à la morale et au droit, et aussi pour signaler une voie d'améliorations lentes mais assurées par la prévoyance et la solidarité.

Pour cela, il ne suffit pas de gémir sur les malheurs des temps présents, de rester inactifs et de dire que si les ouvriers veulent faire du désordre, les délits peuvent être réprimés par la force ; il faut songer aussi aux aspirations légitimes qui demandent à être satisfaites et encouragées.

Cette pensée fera le fond de notre étude, mais pour la mettre plus en relief, il importe de rechercher ce qu'on a fait en vue de l'avancement intellectuel et moral des classes laborieuses et surtout au point de vue de l'éducation économique et sociale.

PREMIÈRE PARTIE

L'INSTRUCTION POPULAIRE DANS SES RAPPORTS AVEC L'ÉDUCATION ÉCONOMIQUE ET SOCIALE.

CHAPITRE Ier

MOYENS GÉNÉRAUX D'ÉDUCATION POPULAIRE

LES PLAISIRS INTELLECTUELS, LES CERCLES OUVRIERS ET LES INSTITUTIONS OUVRIÈRES.

Une étude approfondie de toutes les mesures prises ou à prendre pour relever le niveau de l'éducation populaire depuis les crèches et les salles d'asile jusqu'aux salles de lecture, bibliothèques, sociétés d'enseignement, de chant, de gymnastique et de tir, dépasserait le but que nous nous proposons.

Nous voudrions rechercher le rôle que peut jouer l'éducation dans l'instruction populaire ; nous ne présenterons donc que quelques observations sur l'ensemble des moyens propres à inspirer à la classe ouvrière la culture morale, scientifique et esthétique (1).

Les esprits les plus distingués ont reconnu que le principal instrument du progrès moral est la religion. On peut ajouter que les exercices du culte pour ceux qui

(1) Voir, J. Lefort. *Intempérance et misère*. L. III, ch. 3.

ont conservé leurs sentiments religieux, reposent à la fois le corps et l'esprit.

Mais nous voulons nous en tenir aux moyens humains qui peuvent concourir à la civilisation. Les patronages, les caisses d'épargne, de retraite, d'assurance, les sociétés de secours mutuels, qui ont pour but la formation du capital et du bien-être par l'économie et l'épargne sont des institutions qu'il faut répandre parce qu'elles sont un puissant élément de moralisation.

En dehors des relations de famille, des réunions d'amis, il est des plaisirs intellectuels que tout le monde s'accorde à recommander aux classes laborieuses.

Le théâtre n'étant pas pernicieux en soi, pourrait être une excellente distraction sous forme de représentations populaires d'œuvres morales et attachantes : Les séances pourraient avoir lieu le dimanche soir et seraient précédées d'une conférence instructive.

On a vu aussi, dans l'extension des orphéons et des sociétés musicales, dont beaucoup d'ouvriers font partie, un acheminement vers la création de concerts vraiment populaires qui auraient l'avantage de réunir tous les membres de la famille. Enfin, la diffusion de l'enseignement du dessin et la création de musées industriels seraient fort utiles pour inspirer le sentiment du beau chez les ouvriers des industries d'art et chez les autres la recherche des procédés nouveaux.

L'instruction reçue à l'école n'est pas suffisante ; pour acquérir de nouvelles connaissances ainsi que pour remplir les moments de loisir, la lecture, les cours et conférences populaires ont une importance capitale. Nous insisterons sur ces deux passe-temps.

On a eu l'idée de créer des cercles qui réunissent presque toutes les distractions que l'on peut conseiller aux ouvriers.

En Suisse, il y a des associations d'artisans dont le but est de louer un local où les membres trouvent, moyennant une cotisation, des livres, des journaux, des jeux et même des rafraîchissements.

En Allemagne, des établissements de ce genre, appelés *Arbeitersverein* existent en grand nombre. Ce sont des associations d'ouvriers auxquelles viennent se rattacher des sociétés de secours mutuels, des sociétés coopératives de consommations ou sociétés de chant.

Dans une de ces sociétés qui existe à Berlin, la cotisation donne droit : 1° aux réunions générales où se traitent, sous forme de conférences, discours ou discussions, des questions d'enseignement général ou technique, des sujets littéraires ou scientifiques. 2° A des fêtes, concerts, lectures dramatiques, bals, promenades d'agrément ou d'instruction auxquels peut participer la famille. De plus, il y a des cours séparés auxquels les sociétaires peuvent assister en payant une cotisation supplémentaire. Nous avons là le type des sociétés d'instruction mutuelle et de distraction.

Mais là où cette institution a le mieux réussi, c'est en Angleterre. Dans ce pays, les clubs d'ouvriers ou instituts d'artisans « *Workingmen's clubs, Mechanic's institutes* » se multiplient de jour en jour.

C'est à Birmingham, en 1790, que nous trouvons les premières traces des instituts d'ouvriers. Parmi les hommes bienfaisants qui ont cherché à les propager, citons : le Dr Birkbeck, le professeur Anderson, le Dr Ure, le Dr

Dick; M. Dugald Bannatyne. En 1823, la cause des instituts d'ouvriers trouva un auxiliaire puissant dans le Magasin des ouvriers (Mechanic's magazine) qui proposa l'établissement d'un de ces instituts dans la ville de Londres. Lord Brougham joignit ses efforts à ceux des amis de l'instruction populaire, et en 1825, l'institut métropolitain fut organisé sur des bases qui depuis ont servi de règle aux autres instituts du même genre (1).

Mais comme le seul but poursuivi était alors l'instruction, on n'atteignit pas la classe ouvrière proprement dite. Aussi MM. Th. Carlyle et Arnold et plus tard M. H. Solly eurent-ils l'idée de créer les clubs d'ouvriers qui devaient servir de transition entre le cabaret et les instituts d'artisans et dont le but serait le bien-être intellectuel et moral en même temps que la distraction et la récréation des travailleurs.

Le premier *Workingmen's club* fut fondé en 1858 à Manchester. Ce cercle d'ouvriers comprenait une grande salle de conférences, de gymnastique et de réunion, une salle de lecture, une salle de jeux, et quelques pièces moins grandes destinées à des cours particuliers ne réunissant qu'un petit nombre d'auditeurs.

Le succès fut tel, qu'à la suite d'un grand meeting or-

---

(1) Voir dans *Monthly Magazine*, année 1814, une série d'articles du Dr Dick sur les avantages et le mode d'organisation des associations littéraires et scientifiques pour la classe moyenne et la classe ouvrière

Voir aussi *Observations pratiques sur l'éducation du peuple adressées aux artisans et aux fabricants*, par Lord Brougham ; ouvrage traduit en français sur la 20e édition. 1826. Paris, Bossange.

ganisé sous la présidence de lord Brougham, une association fut formée en vue d'aider à la création des cercles d'ouvriers. Le mouvement se propagea dans le royaume et les *Workingmen's clubs*, furent établis non seulement dans les villes, mais jusque dans les villages.

Ils procurent aux ouvriers des lieux de réunion où ils peuvent se distraire sans payer de consommations. Ils y trouvent journaux, revues, bibliothèques, jeux, parfois des fumoirs et des pièces où les enfants peuvent prendre leurs ébats. S'il y a un local assez grand, les sociétés ouvrières y tiennent souvent leurs assemblées; on y donne des concerts, des conférences. La cotisation fixe est généralement de 20 centimes par semaine ou 6 fr. par an.

L'union des cercles et instituts d'ouvriers *Workingmen's clubs and institutes union* relie entre elle un très grand nombre de ces institutions.

En 1878, on comptait 50.000 sociétaires pour 829 clubs ou instituts d'artisans dont 450 agrégés à l'union.

En France, nous avons été longtemps privés du droit d'établir de semblables associations auxquelles ressemblent pourtant les veillées de nos campagnes du Midi et les cercles de réunion fondés à frais communs par les ouvriers de Marseille. Avant 1870, on pouvait citer le cercle de Mulhouse organisé sur le type anglais. A Paris, vers 1869, on avait essayé de créer une institution analogue, mais l'idée avait été arrêtée par la guerre. Depuis, elle a été reprise et plusieurs cercles d'ouvriers ont été créés dans les principales villes de France.

Le cercle Montparnasse, fondé il y a plus de vingt-cinq ans, a donné naissance à l'Œuvre générale des Cercles Catholiques d'ouvriers (1). Ces cercles en général sont bien organisés (2); ils offrent l'attrait des jeux et des fêtes: et on y a parfois annexé comme la à Villette, une série d'institutions économiques, telles que la caisse d'épargne, la boulangerie, l'épicerie et la société de secours mutuels. L'aumônier attaché à l'établissement fait des instructions religieuses et on donne de temps en temps des conférences.

Les cercles catholiques ont pris peu d'extension. Cela tient à différentes causes. Tout d'abord les promoteurs de l'œuvre se placent sur un terrain qui ne leur est pas favorable. Ils agissent, disent-ils, pour répandre les bienfaits dont la classe dirigeante doit entourer la classe ouvrière. Ils oublient donc qu'aujourd'hui, grâce au développement de l'instruction, le peuple veut se diriger lui-même et que l'expression de *classe dirigeante* est un anachronisme. De plus, ce n'est pas en parlant de restaurer les corporations que l'on peut attirer des hommes dont le désir est de s'élever et d'acquérir de plus en plus la liberté et l'indépendance. Enfin, l'absence d'un enseignement sérieux ainsi que l'introduction dans les cercles catholiques de la religion et de ses pratiques, écarte bien des personnes. L'esprit de l'ouvrier français ne ressemble pas à celui de l'Anglais. Dans les *Workingmen's clubs*, la journée du dimanche est consacrée à des lectures pieuses ou à des prières; en France, sous prétexte que l'on veut faire des cercles d'ouvriers de véritables confréries, ils s'abstiennent d'y aller.

(1) Voir l'Instruction sur l'Œuvre des Cercles Catholiques d'ouvriers. 1883.

(2) On peut citer comme exemple le Cercle Sainte-Geneviève, à Paris.

Le jour où les cercles catholiques, à la condition de s'interdire les discussions politiques, donneront plus d'importance à l'enseignement, leur rôle pourra s'étendre (1).

Au Havre, depuis 1875, il existe un cercle laïque d'ouvriers qui comptait en 1877 déjà plus de dix mille adhérents. Ses fondateurs ont voulu en faire à la fois un milieu de distraction et d'instruction pour les hommes et les jeunes gens et aussi un milieu de réunion pour toute la famille au moyen des conférences et des concerts du dimanche.

On trouvera les détails les plus complets sur l'organisation du cercle Franklin du Havre dans une notice publiée en 1877 par M. Siegfried. Contentons-nous de dire qu'il a beaucoup de rapport avec les *Workingmen's clubs*. Nous ne voulons détacher du travail de M. Siegfried que le passage où il développe l'originalité de cet établissement.

« Instruire, moraliser, voilà le but, mais l'aridité de l'instruction éloigne souvent autant que la prétention de moraliser effraie; aussi, est-il nécessaire de faire appel à la distraction.

« Rien de plus naturel du reste; tel homme qui ne serait jamais allé à un cours ou à une conférence, pour qui la lecture était sans attrait, commence par venir aux concerts, aux représentations du cercle, à la gymnastique, aux jeux et finit par entrer tout naturellement dans la salle de lecture ou de cours. Tel autre qui par désœuvrement passait ses soirées au cabaret et rentrait plus ou

(1) On trouvera dans *l'Association catholique*, organe de l'œuvre des cercles catholiques, une foule de documents importants sur les questions ouvrières.

moins excité chez lui, prend l'habitude au cercle de se distraire sans boire ; et tel autre qui ne restait pas une soirée avec les siens ou qui ne pouvait leur procurer aucune distraction, vient assister avec sa femme et ses enfants d'abord aux concerts et aux fêtes du dimanche où règnent la gaieté et le contentement, et plus tard aux conférences.

« Les jeunes gens enfin, qui ne savent comment passer leurs soirées ou leurs journées du dimanche, trouvent à la gymnastique du cercle, dans les salles de jeux ou dans les sociétés musicales, à employer leur activité.

« L'expérience des cercles populaires est donc faite. Ils répondent à une nécessité sociale et deviennent un rapprochement entre les différentes classes de la société. On s'y rencontre pendant les conférences, les concerts, les cours, on apprend à se connaître et à s'apprécier. »

Il se passera encore bien du temps avant que les différents genres de cercles que nous venons de signaler aient pris en France une extension considérable. D'ailleurs, les ouvriers préféreront peut-être prendre le syndicat professionnel comme lieu de rendez-vous et comme centre de diverses institutions de mutualité, d'instruction ou de délassement.

Déjà quelques chambres syndicales ont fondé des cours de perfectionnement ; certaines associations de métiers à Paris ont formé des patronages modèles, tels que ceux des plumes et fleurs et des enfants de l'ébénisterie ; mais les efforts dans ce sens ont été de beaucoup distancés par l'initiative privée des industriels et des grandes Compagnies. On peut citer comme enserrant la France dans un vaste réseau de prévoyance et de progrès :

« Les institutions de MM. Montgolfier à Vidalou-lès Annonay, Laroche-Joubert à Angoulême, Colcombet et Cie à la Sauve, Colcombet Victor, à Saint-Etienne, Kœchlin Dollfus à Mulhouse, Oberthur à Rennes, Mame à Tours, Bapterosse à Briare, Lemaire, fabricant de lorgnettes, Mourceau, fabricant de tissus d'ameublement, MM. Christofle, orfèvres, à Paris, etc;

« Parmi les grandes industries, les forges de Commentry et Châtillon, les mines de Blanzy, les Messageries nationales des Bouches-du-Rhône, (établissement de la Ciotat), la Compagnie des mines de la Grand-Combe, les mines de Carmaux, la Société des forges et fonderies de Montataire, la cristallerie de Baccarat, et enfin, les quelques essais tentés par les grandes Compagnies de chemins de fer et certains directeurs des manufactures de l'État, etc. » (1).

Signalons en dernier lieu un moyen original d'éducation populaire imaginé par M. Twining, de Twickenham, près Londres, qui a consacré trente années d'efforts et de sacrifices pour mettre à la portée de l'ouvrier les connaissances scientifiques les plus propres à lui faciliter le succès de son travail et à lui assurer la santé et le bien-être.

A Twickenham, ce philanthrope à fondé un musée économique permanent, dont nous trouvons la description dans une notice publiée à l'occasion de l'Exposition universelle de 1878.

« En parcourant successivement les classes de ce mu-

(1) Voir l'*Histoire de l'association polytechnique*, publiée en 1880, à l'occasion du cinquantième anniversaire de cette société.

sée, l'ouvrier intelligent pouvait acquérir sans effort une foule d'idées nouvelles. Il apprenait les lois hygiéniques qui, dans une habitation quelconque règlent les chances de santé; il y voyait les ressources de tout genre qu'un ménage bien organisé peut emprunter à la science moderne et aux us et coutumes des pays voisins, les étoffes auxquelles dans telle ou telle circonstance il convient de donner la préférence, les aliments les plus sains et la manière d'en tirer le meilleur parti, il apprenait à reconnaître les marchandises de bonne qualité et à se mettre en garde contre la fraude et la falsification, et enfin, il acquérait l'habitude de préférer les conseils du bon sens aux enseignements de la routine. »

Le système d'instruction populaire et pratique de M. Twining a inspiré des tentatives du même genre. Une galerie d'économie domestique fut annexée à Paris, en 1855, au Palais de l'Industrie, et, en 1878, au Champs-de-Mars, ainsi qu'à l'exposition économique d'Amsterdam de 1869. Dès 1856, on avait ouvert à Bruxelles une exposition spéciale d'économie domestique. Les efforts de MM. Le Play et Ducpétiaux, du Dr Carl Helm et du baron Mackay ont justifié ces paroles de M. Aug. Cochin: « Désormais, aucune Exposition universelle ne doit avoir lieu sans qu'un large espace soit réservé à l'exhibition spéciale des objets utiles au bien-être physique et au développement intellectuel des classes les plus nombreuses de la société.

A l'heure actuelle, en France, la lecture et les cours et conférences sont, en fait, les deux principaux moyens que l'on a pour développer l'éducation populaire. Ils feront l'objet spécial de cette étude.

CHAPITRE II

LA LECTURE

LA LITTÉRATURE POPULAIRE ET LES SCIENCES POLITIQUES.

Au point de vue de l'instruction, les classes ouvrières ne sont pas complètement délaissées.

Avant que l'instruction primaire donnée dans les écoles devînt obligatoire, elle avait reçu de jour en jour de plus grands développements ; nous ne nous étendrons pas sur ses progrès, désirant surtout examiner la question de l'enseignement populaire des adultes.

Les bibliothèques populaires dont les livres peuvent être emportés à domicile, pourraient être, pour les artisans qui désirent s'éclairer, un auxiliaire puissant, au grand profit de la moralité et de la vie de famille. Dans les bibliothèques municipales et scolaires, à côté d'ouvrages de littérature, de romans et de voyages, on peut trouver des livres sur les matières suivantes : sciences appliquées ou arts et métiers, agriculture, histoire, biographie, économie politique. Malheureusement, les ouvrages sérieux ont moins d'amateurs que les autres. Il ne faudrait pas attribuer ce fait à la frivolité des lecteurs.

Il y a des publications populaires qui n'ont aucune valeur; certains petits traités d'économie politique n'offrent, selon le mot de M. Thiers, qu'une littérature ennuyeuse ; d'autre part, les travailleurs n'aiment pas qu'on ait l'air de leur faire la leçon, aussi délaissent-ils les auteurs qui froissent leur susceptibilité en disant hautement qu'ils écrivent pour le peuple.

Les livres de classe des écoles primaires et les livres de prix sont généralement lus aussi bien par les parents que par les enfants. Si tous avaient la valeur du *Petit Manuel d'Économie polique* de M. Block, de *Francinet* et du *Livre des lectures courantes* de Caumont, ils pourraient, en fait, contribuer à l'éducation populaire. On doit donc regretter que la plupart des manuels d'instruction morale et civique qui se sont multipliés depuis 1882 soient conçus d'après une méthode enfantine. Ce système, en effet, n'est guère meilleur que le procédé en faveur à l'époque de la Révolution française, c'est-à-dire l'enseignement par demandes et par réponses. « On imagine une fiction, dit M. Beurdeley, un écolier cause avec son instituteur, il visite avec lui la commune, on met en scène un maire qui procède aux élections, un soldat qui revient du régiment, et ainsi l'auteur passe en revue l'organisation communale, la loi électorale et le système militaire. Ce procédé rabaisse le sujet et met obstacle aux exposés sérieux, méthodiques et complets. »

Aujourd'hui, il faut le reconnaître, en dehors d'un certain nombre d'ouvrages, qui sont des chefs-d'œuvre de vulgarisation, nous n'avons pas encore cette littérature populaire dont le caractère est de s'adresser à tous sans distinction ou du moins de ne pas être destinée de préférence aux ouvriers comme à une catégorie à part. (1)

On a dit beaucoup de mal des cabinets de lecture. Certes, leur composition n'est pas toujours irréprochable ; à côté des romans dont les auteurs ont pris soin d'écarter tout ce qui pourrait nuire aux mœurs, on trouve trop souvent des œuvres immorales et dangereuses. Cela peut tenir, a-t-on dit, à ce que la classe populaire copiant ce qu'elle voyait faire par des personnes dont le rang, la fortune, la position, étaient supérieurs, s'est jetée sur la lecture malsaine et licencieuse.

Cette remarque nous paraît parfaitement exacte et on pourrait l'appliquer également à la littérature dramatique. De nos jours, quoiqu'il n'y ait plus de classes dirigeantes, les classes instruites et aisées exercent une influence considérable sur l'esprit général et les mœurs de la nation. Qu'on relève, par exemple, le niveau du goût et de la morale publique et l'on ne tardera pas à voir la littérature et le théâtre s'épurer et donner lieu à une action bienfaisante et moralisatrice dont les travailleurs seront les premiers à sentir les effets.

Il y a là une question capitale sur laquelle on ne saurait trop attirer l'attention.

« Notre civilisation toute matérielle et artificielle, a dit M. P. Leroy-Beaulieu, notre vie toute de luxe, de vanité et d'égoïsme, l'ensemble de notions superficielles et

---

(1) « Si nous avons besoin en France de livres appropriés quant à leurs données positives aux exigences des situations diverses, nous ne pouvons pas avoir des livres de caste. » Audiganne.

paradoxales où s'alimentent les esprits du plus grand nombre, toutes ces conditions si défavorables à la paix et à la morale sociale doivent se modifier peu à peu mais radicalement....... Pour atteindre ce but, il faut deux qualités : le sentiment du devoir et l'esprit de sacrifice.. .... Au flot toujours montant des revendications populaires, il n'est qu'une digue que l'on puisse opposer avec succès, c'est d'abord l'honnêteté, ensuite, il faut reprendre des mœurs plus simples, des relations plus franches et plus cordiales, il faut devenir un peuple vraiment démocratique ; c'est-à-dire sérieux, austère et digne. » (1)

Le jour où toutes les classes auront réformé leurs mœurs et leurs idées, une littérature vraiment démocratique apparaîtra, avec quelque chance de succès ; espérons quelle ne se fera pas trop attendre !

Les écrits de Franklin : les *Almanachs* et la *Science du bonhomme Richard* sont l'idéal de la littérature populaire : ils réunissent, sous une forme saisissante, un fond solide de conseils pour la direction journalière de la vie.

C'est la lecture de Franklin qui a attiré Fr. Bastiat vers l'étude de la science économique, elle lui a sans doute aussi révélé cet art de vulgariser les vérités d'un certain ordre qui fait l'originalité de l'*Histoire de la ligue*, des *Pamphlets* et des *Sophismes économiques*. Si Bastiat a formé un grand courant d'idées en faveur de la réforme commerciale, cela ne tient-il pas en partie à la vivacité et la finesse de son esprit qui font le charme de ses œuvres.

---

(1) *La question ouvrière au XIXe siècle.*

Aux États-Unis, les principes les plus élémentaires du droit sont portés à la connaissance de tous les citoyens par des manuels populaires. En Angleterre, en Ecosse et en Irlande, la science économique est l'objet d'une vulgarisation large et féconde sous toutes les formes.

En Angleterre, il existe un grand nombre de petits livres aussi intéressants que sérieux, spécialement destinés aux masses, écrits par des hommes éminents (1) dans un style simple et sur un plan approprié au degré d'instruction des lecteurs auxquels ils s'adressent. Nous pourrions citer le *Petit traité d'économie politique* de Stanley-Jevons. Les ouvrages qui ont été jugés dignes d'être mis entre les mains des travailleurs sont répandus dans les localités les plus éloignées par plusieurs sociétés qui ont pour mission d'aider à l'avancement moral et intellectuel des populations. Citons la *Société pour la propagation des connaissances utiles*, la *Société de la littérature honnête*, l'*Union du colportage de l'Église d'Angleterre*, organisée sur le modèle de la *Société des livres et opuscules d'Ecosse*, créée elle-même à l'imitation d'une société américaine. L'*Union du colportage* est le noyau d'associations répandues d'un bout à l'autre du pays.

Les bibliothèques circulantes concourent aussi à la diffusion des bons livres.

De son côté, le *Musée de South-Kensington* fait parvenir jusque dans les moindres villages des modèles, des ouvrages à l'usage des ouvriers employés dans les industries d'art afin de leur donner du goût ; aussi les Mecha-

---

(1) M. Audiganne prétendait qu'on y sent partout le patronage aristocratique qui soutient sinon qui s'impose.

nic's institutes ont aidé l'*Art département* à créer des écoles d'art.

En France, surtout depuis 1870-1871, certaines associations ont été fondées en vue de fournir à l'instruction primaire le complément indispensable qu'elle réclame et aux bibliothèques populaires les livres qui leur manquent trop souvent. La société du colportage des livres utiles organisée à Paris en 1866 n'a pas eu une longue durée; mais, depuis la guerre, trois sociétés ont puissamment contribué à la fondation des bibliothèques populaires; ce sont : les *Amis de l'instruction*, la *Société Franklin*, reconnue d'utilité publique en 1879, et la *Ligue de l'enseignement* (1).

Mais, comme l'a très bien dit M. J. Lefort, nous n'avons pas encore une société qui, publiant et faisant publier des livres, des brochures ou des journaux ayant trait aux sciences morales, économiques, physiques et naturelles comme à l'histoire, à la géographie, etc., se chargerait de les répandre sinon gratuitement au moins à bas prix, ne faisant aucune spéculation et traitant avec les libraires, mais ayant des représentants attitrés et des colporteurs. S'interdisant toute discussion politique et religieuse, elle viendrait en aide aux travailleurs désireux de s'instruire ou de se récréer, et elle parviendrait à remplacer par des publications utiles et moralisatrices les livres peu sérieux et dangereux que le peuple lit n'en ayant pas d'autres ou ne pouvant que difficilement se

(1) Signalons encore la Société pour l'encouragement des publications populaires et la Société nationale d'encouragement au bien.

procurer des ouvrages recommandés. Ce qu'il faut, c'est une série de livres répondant aux besoins et aux tendances de la société contemporaine. A notre époque, les hommes désirent connaître leurs droits et leurs devoirs, l'histoire du pays et du sol, l'existence des hommes qui ont illustré leur époque, les lois qui président à la production et à la consommation des richesses, les applications de la science à l'industrie, etc. (1). C'est dans ce sens qu'il faut travailler, et sans laisser tout-à-fait la littérature proprement dite qui peut servir tant à la distraction qu'à l'amélioration, il faut rédiger sur les sujets dont nous venons de parler des livres élémentaires tout en étant complets, et susceptibles par la modicité de leur prix de pénétrer jusqu'aux modestes logis. »

On ne saurait mieux dire combien il est regrettable qu'une littérature spéciale ayant pour objet les sciences économiques et sociales, n'ait pas encore pris sa place dans nos bibliothèques populaires.

Certes, du jour où l'état moral et matériel des classes ouvrières appela les regards des publicistes et des économistes, on vit paraître une foule de journaux et de livres sur la question sociale. Depuis 1848, mille écrits passionnés ont promis aux travailleurs de véritables chimères. L'influence de ces publications n'a pas prévalu, mais elles ont porté beaucoup d'ouvriers à se considérer comme en dehors de la société générale et à penser à part.

(1) « En France, le niveau des idées parmi le peuple est plus élevé que partout ailleurs. La cause en tient à la nature de l'esprit français et aux impressions qu'il a reçues des événements depuis 1789. » AUDIGANNE.

Honneur aux hommes qui ont cherché à rétablir peu à peu l'unité détruite et à ceux qui ne faisant appel qu'à la science et au bon sens ont entrepris la tâche de mettre en lumière dans des écrits sérieux les avantages et les conditions de succès des institutions de prévoyance et de l'association ! L'idée coopérative a été étudiée dans des journaux spéciaux tels que l'*Atelier*, le *Travail*, l'*Association*, la *Coopération*, etc. Aujourd'hui, le *Globe*, l'*Association catholique*, le *Moniteur des syndicats ouvriers*, la *Revue du mouvement social*, le *Bulletin de la société d'éducation et d'instruction populaire des Basses-Pyrénées* s'occupent d'une façon spéciale de l'association et de la mutualité.

Au nombre des écrits qui ont pour objet ces mêmes questions, citons les travaux de MM. Ott et Feugueray, ceux de MM. Odilon Barrot, Léon Say, Batbie, Andral, Cochin, sur *Les sociétés de coopération et leur constitution légale*, et les ouvrages suivants : Seinguerlet, *Les banques du peuple en Allemagne*; Eugène Véron, les *Associations ouvrières*; De la Saussaye, *De l'extinction du paupérisme et de l'avenir du travail* ; Emile Laurent, *Le paupérisme et les associations de prévoyance*; Casimir Périer, *Les sociétés de coopération* ; Hubert Valleroux. *L'association ouvrière*; Judenne, brochures sur l'*Assurance*, etc... N'oublions pas les mémoires publiés à l'occasion du concours Isaac Pereire ouvert en 1880 et dont on trouvera une analyse critique dans l'ouvrage récent de M. Coste intitulé: *Les questions sociales contemporaines*, 1886. Paris, Alcan et Guillaumin.

Malheusement la plupart des ouvrages que nous possédons sur les sciences économiques et sociales sont trop savants ; mais l'ouvrier ne nous semble pas éloigné de prendre goût à la littérature sérieuse, si l'on sait rendre la science claire, accessible à toutes les intelligences et le plus attrayante possible.

Des écrivains de talent ont tracé le chemin qu'il faut suivre pour réussir dans cet ordre d'idées (1). Quand on aura sur une large échelle imité ces modèles, on ne tardera pas à créer un journal ouvrier d'un prix assez modique pour être à la portée de tous (1). Ce sera un grand bien, car aujourd'hui la presse quotidienne est rarement un guide éclairé ou méthodique : trop souvent en répandant des erreurs et en ne s'appliquant pas à détruire des préjugés qui ont pour cause l'ignorance, elle égare ou trouble bien des esprits.

Les grossières erreurs économiques et sociales qui trouvent des adeptes chez les travailleurs témoignent de l'ignorance où on les a laissés des plus simples notions de de la constitution et du jeu des sociétés.

A cet égard, nous venons de constater les lacunes de l'enseignement que l'homme se donne à lui-même par la lecture; nous allons également nous rendre compte de celles de l'enseignement qui résulte des cours et conférences populaires.

Nous verrons que malgré les essais tentés pour propa-

---

(1) Voir la note bibliographique à la fin du chapitre.

(2) V. le projet d'un journal donné par M. de Lafarelle. *Du progrès social au profit des classes populaires*, t. I, 387.

Tous les dimanches, depuis près d'un an, le journal « *le Soir* » donne une Revue économique et sociale qui est fort intéressante.

ger la science économique et sociale au moyen des cours d'adultes, il reste encore beaucoup à faire.

Sous ce rapport, on prétend que nous sommes inférieurs à certains pays étrangers. En nous demandant ce qu'on a fait chez les autres peuples pour résoudre le problème de l'éducation populaire, nous serons mieux à même d'apprécier ce qu'on a fait dans notre pays.

NOTE BIBLIOGRAPHIQUE

Parmi les auteurs anciens ou récents qui ont écrit des ouvrages de vulgarisation attrayants et clairs, citons les suivants :

Mossé. — *L'art de gagner sa vie.*

A. de Fontaine de Resbecq. — *L'Anacharsis des ateliers.*

Bergery. — *Economie industrielle.*

Thiers. — *La propriété (Petits traités de l'Académie des sciences morales et politiques).*

Rapet. — *Manuel de morale et d'économie politique à l'usage des classes ouvrières.*

A. Ysabeau. — *Cours d'économie rurale, industrielle et commerciale.*

Levasseur. — *Précis d'économie politique.*

A. Rondelet. — *Les mémoires d'Antoine.*

Barrau. — *Conseils aux ouvriers.*

A. Audiganne. — *Les ouvriers en famille.* — *Les ouvriers d'à-présent et la nouvelle économie du travail.* — *L'industrie contemporaine.* — *François Arago, son génie et son influence* (Caractères de la science au XIXe siècle). — *Mémoires d'un ouvrier de Paris.*

P. Matrat. — *Les conseils du père Vincent.*

H. Leneveux. — *Le budget du foyer.* — *Le travail manuel en France.* — *(Bibliothèque utile).*

Elie Dupuy. — *Petits manuel pratique de l'épargne.*

Abbé Tounissoux. — *'Bourgeois et ouvriers ou les inégalités de la fortune.* — *Le bien-être de l'ouvrier.* — *Ne fuyons pas les campagnes.*

E. Bonnemère et Lemoine. — *Autrefois et aujourd'hui.* — *Paysans et ouvriers. (Bibliothèque de la jeunesse française).*

Xavier Marmier. — *Le succès par la persévérance.*

F. Valentin. — *Les artisans célèbres (Bibliothèque de la Jeunesse Chrétienne).*

Fr. Passy. — *Georges Stephenson, et conférences diverses.*

Ed. Foucaud — *Les artisans illustres.*

Baron Ernouf. — *Deux inventeurs.*

Al. Monteil. -- *Histoire de l'industrie française et des gens de métiers.*

L. Figuier. — *Les grandes inventions, etc.*

M. Maigne. — *Histoire de l'industrie* — *Arts et manufactures.*

H. Pigeonneau. — *Les grandes époques de l'histoire du commerce français.*

Ch. Périgot. — *Histoire du commerce français.*

J. Duval. — *Notre pays.*

L. Lanier. — *Choix de lectures de géographie.*

Vidal-Lablache. — *La Terre, géographie physique et économique. Histoire sommaire des découvertes.*

H. Pigeonneau. — *Géographie commerciale de la France.*

Hip. Blanc. — *Lecture sur la géographie industrielle et commerciale.*

P. Gaffarel. — *Les explorations françaises de 1870 à 1880. (Bibliothèque de vulgarisation).*

M. Block. — *Ouvrages populaires sur le droit et l'économie politique.*

E. Glasson. — *Éléments de droit français.*

H. Mager. — *Législation commerciale et industrielle.*

A. Layet. — *Hygiène des professions et des industries.*

Voir. — Publications diverses des collections suivantes :
Bibliothèque Franklin. Bibliothèque des Merveilles.
Bibliothèque des professions industrielles et commerciales.
Bibliothèque des cours de l'association Polytechnique, etc., etc...

CHAPITRE III

LES COURS D'ADULTES ET LES CONFÉRENCES POPULAIRES

I. — L'INSTRUCTION POPULAIRE A L'ÉTRANGER. PART FAITE A L'ÉDUCATION ÉCONOMIQUE ET SOCIALE.

Partout, la création des institutions destinées à l'enseignement des adultes repose sur cette idée qu'il faut, soit instruire les illettrés, soit entretenir et développer l'instruction reçue à l'école.

En Allemagne, tous les jeunes apprentis sont obligés de fréquenter pendant un certain temps les écoles du dimanche. Ces écoles existent également en Angleterre et en Espagne, en Italie, en Belgique, en Suède et en Amérique.

En Allemagne, il y a des écoles complémentaires; en Angleterre, les classes du soir (*night school*) sont très répandues, elles se font notamment dans le plus grand nombre des collèges. La Hollande possède des écoles de répétition et la Suisse des écoles complémentaires de perfectionnement. Les cours d'adultes existent aussi en Danemarck, en Espagne, en Portugal. Dans toutes les grandes villes des États-Unis, les écoles du soir sont très nombreuses. Si les Lincoln et les Garfield, qui n'ont pas connu l'enseignement secondaire, ont grandi plus tard, c'est par l'éducation qu'ils se sont donnée à eux-mêmes, et qu'ils ont puisée notamment aux cours d'adultes. En Belgique, à côté des écoles moyennes qui rendent de grands services aux fils de petits bourgeois obligés de quitter les études vers quinze ou seize ans, existent des écoles industrielles établies dans le but de former de bons contre-maîtres et des ouvriers d'élite. On y trouve aussi des écoles d'adultes renfermant deux divisions. Le programme de la division supérieure comprend entre autres la géographie, des notions d'histoire et de droit constitutionnel. Il est fait chaque semaine des lectures publiques par l'instituteur.

A côté de l'Etat et des municipalités, les ouvriers eux-mêmes ou de simples particuliers et des sociétés libres d'enseignement travaillent presque dans tous les pays à l'émancipation intellectuelle et morale des classes laborieuses.

Nous ne reviendrons pas sur les efforts faits en Suisse, en Angleterre et en Allemagne par les ouvriers eux-mêmes pour constituer de véritables sociétés coopératives d'instruction.

En Alsace, les cours populaires de Guebwiller méritent une mention particulière. Fondés en 1850 par J. J. Bourcart sur le type des Instituts anglais, ils comprennent un programme d'enseignement assez étendu, avec une bibliothèque et un cercle d'ouvriers. L'originalité de l'œuvre de M. Bourcart consiste en ce que chacun peut apprendre ce qu'il désire, et de la manière qui lui plaît le mieux. A la condition de réunir un nombre d'adhérents suffisant pour l'ouverture d'un cours quelconque, le comité directeur procurant en ce cas un professeur. La méthode d'enseignement est à noter. Les élèves (environ 350 en 1879), reçoivent des travaux à faire et des devoirs à rapporter, mais par la distinction des âges, et par celles de classes, admettant plusieurs degrés d'instruction, on évite tout conflit entre les ouvriers et les apprentis. Enfin, M. Bourcart a tenu compte du besoin d'indépendance qu'éprouve l'ouvrier, au sortir de douze heures de contrainte nécessaire à laquelle il est soumis à l'atelier. Pour cela il a organisé un milieu où l'ouvrier se sent libre, dans les travaux d'un nouveau genre auxquels on le convie, où du moins il ne trouve d'autre sujétion que celle de la discipline volontaire qu'il s'est imposée à lui-même et qui lui laisse un rôle actif et personnel dans la marche de l'institution.

Les ouvriers dans leurs cours se sentent bien réellement chez eux. La seule autorité avec laquelle ils se trouvent en contact permanent, celle des commissaires, émane d'eux-mêmes. Le comité directeur est composé de cinq membres, qui sont élus par les commissaires des cours nommés eux-mêmes par les élèves. M. Bourcart ne s'est réservé que le droit d'intervenir pour destituer, en cas de besoin, les commissaires en défaut ou dissoudre l'une ou l'autre des sections. Jamais pourtant pareille éventualité ne s'est présentée (1).

(1) Voir *Etudes statistiques sur l'industrie de l'Alsace*, par Ch. Grad. II, 231.

En Danemarck, l'Association des ouvriers de Copenhague, depuis 1860, institue des cours d'adultes, des bibliothèques, des cercles d'ouvriers, s'occupe de la construction d'habitations à bon marché et a pu faire visiter à ses membres les expositions industrielles. Par la publication d'un journal et par la discussion publique des grandes questions sociales elle a acquis une influence prépondérante sur les classes laborieuses.

En Hollande, la *Société du bien public*, qui remonte à 1784, établit des cours d'ouvriers, des conférences, des caisses d'épargne, organise des bibliothèques, des cercles, publie des livres d'instruction ou récompense des publications populaires.

En Italie, les *gildes*, sortes de cercles d'ouvriers, sont nombreuses. Dans les environs de Naples, il existe une gilde d'artistes et d'ouvriers dont les membres remplissent ensemble leurs devoirs religieux. La gilde pourvoit à l'instruction de l'enfance par des écoles du soir; elle fait l'éducation de la jeunesse par l'établissement d'écoles de dessin. Les fonds sont fournis par les dons des membres protecteurs et par les contributions régulières des membres actifs. Elle vient au secours des pauvres par une cuisine gratuite. Le baron de Matteïs, président de cette gilde, vit réellement avec les ouvriers et leur fait des conférences. A Turin, c'est dans le palais archiépiscopal que l'on instruit le peuple et que se tiennent les assemblées ouvrières. Des orateurs y traitent des points importants : le socialisme, les souffrances de l'agriculture, l'esprit de la vie de famille, les banques populaires, la caisse d'épargne, la question sociale (1).

---

(1) L'*Association catholique*, Nov. 1885.

En Italie, des hommes éminents, des sénateurs, des députés se font un devoir de propager les institutions de prévoyance et de crédit et par leurs écrits et leur parole en favorisent la création. Depuis quelques années et dans la plupart des grandes villes, des notables, des publicistes, des professeurs s'efforcent de se faire admettre dans les sociétés de secours mutuels, en se donnant pour mission de travailler à l'union des classes. A Bologne, notamment, on cite M. Burzi et le marquis Pepoli comme ayant obtenu dans cet ordre d'idées des résultats sérieux. M. Vigano a été le propagateur des banques populaires italiennes.

En Allemagne, Schulze-Delitzsch a travaillé efficacement à l'éducation populaire en faisant de l'association ouvrière une vérité.

De ce que le travail est par lui-même rémunérateur, Schulze-Delitzsch, le promoteur du crédit ouvrier en Allemagne, concluait au nom de la science qu'il existe dans les mains de l'ouvrier deux forces très puissantes : 1° un capital d'épargne assez important mais caché et exposé à être dissipé dans des dépenses improductives ; 2° un puissant capital moral et intellectuel à l'état inerte. D'où ce grand homme tirait la conséquence que dans la production les ouvriers reçoivent une part qui leur permet de s'élever à l'épargne et à l'éducation. C'est dans ces deux forces que Schulze-Delitzsch a trouvé la base de l'association et du crédit.

Schulze-Delitzsch a exposé ces idées dans le *Cours d'économie politique à l'usage des ouvriers et des artisans* qu'il fit à l'association ouvrière de Berlin, et dont M. Benjamin Rampal a donné une traduction française.

Dans la préface qui précède ce traité, Schulze-Delitzsch résume ainsi ses idées : « Les doctrines dont l'ensemble constitue le catéchisme de l'ouvrier allemand, doctrines que nous essayons de condenser en quelques chapitres, sont le produit de la collaboration générale qui nous est venue de tous les points où la culture de l'esprit a pénétré les couches de nos populations ouvrières. A nous l'humanité entière, voilà le mot d'ordre, le but du mouvement ; c'est la revendication que les ouvriers formulent vis-à-vis de la société. Féconder et cultiver les germes les plus nobles de notre nature, la valeur intellectuelle et morale de l'individu, tels sont les moyens d'atteindre le but, telle est la tâche que les ouvriers doivent rigoureusement s'imposer ».

« *L'association ouvrière basée sur l'assistance par soi-même* », telle était la formule de Schulze-Delitzcsh ; les faits ont donné raison à cet homme de génie.

En Belgique, on s'occupe beaucoup de l'amélioration des classes laborieuses. Les publications de MM. Ducpétiaux et Dauby en font foi. De 1860 à 1868, M. Dauby, ancien ouvrier et aujourd'hui régisseur du *Moniteur belge*, fit paraître le *Journal de l'ouvrier* qui était très goûté. Ce journal combattait la démagogie et prônait l'économie, la prévoyance, la mutualité, la coopération. Dans son dernier ouvrage intitulé : *De l'amélioration de la condition des classes laborieuses et des classes pauvres en Belgique*, M. Dauby insiste sur la part qui doit revenir à l'instruction, à l'éducation et à l'initiative privée dans l'œuvre de régénération morale et intellectuelle. On a aussi de lui un *Traité d'économie politique populaire* intitulé : *Les entretiens du lundi sur la théorie économique des rapports du capital et du travail.*

En Belgique, il existe des associations enseignantes d'un genre particulier. Il y en a dans presque toutes les villes, mais les deux plus célèbres sont la *Société Franklin de Liège* et la *Société des soirées populaires de Verviers.*

Les moyens d'action de la Société Franklin, fondée à la fin de 1865, sont des conférences qui ont lieu le dimanche, précédées d'une exécution musicale, des cours publics et gratuits, la fondation de bibliothèques, les tombolas de livres du dimanche, les fêtes annuelles en faveur des enfants des écoles communales de Liège et dont le produit est consacré à donner aux meilleurs élèves des livrets de caisse d'épargne de l'Etat, des livres utiles et instructifs et à organiser des excursions et des voyages dans les grands centres industriels. Ajoutons encore les concours de poésie et de chant, l'imagerie destinée à perpétuer le souvenir de toutes les gloires de la Belgique, la publication du *Journal Franklin* et de l'*Almanach Franklin* qui est le moniteur officiel des caisses de prévoyance, des sociétés de consommation, de crédit et de production. Enfin, l'association distribue gratuitement des résumés de ses cours parmi lesquels nous devons signaler l'histoire nationale, le droit commercial, le droit constitutionnel, l'économie politique et l'hygiène. La société Franklin donne le concours de ses orateurs à des sociétés similaires qui se sont fondées aux environs de Liège.

La *Société des soirées populaires de Verviers,* qui

date de 1866, aux moyens d'action de la société Flanklin, ajoute les congrès et les musées pédagogiques et scolaires, les excursions et les cercles d'entretiens populaires. Le *Bulletin des soirées populaires* reproduit les cours et conférences, le *Bulletin des communes* rend compte des excursions dirigées par la société et contient des articles de vulgarisation. La société publie aussi un *Almanach*, elle répand des brochures contenant des pièces couronnées dans les concours, des recueils de chansons wallonnes, un manuel de droit commerçial et un traité d'hygiène ; enfin elle patronne d'autres institutions (1).

En Russie, l'*Association polytechnique*, créée en 1865, à l'imitation de la Société française du même nom, a fondé des cours réguliers, des cours techniques et des conférences. Son siège est à St-Péterbourg ; de là elle rayonne sur toute l'étendue du pays. Elle s'adresse à la fois aux ouvriers et aux gens du monde.

En Amérique, les sociétés d'instruction populaire sont organisées depuis longtemps. On peut citer comme un modèle d'enseignement polytechnique, l'*Union pour l'avancement de la science et de l'art*, fondée par Peter Cooper.

Les noms des promoteurs de l'éducation populaire aux Etats-Unis ont une renommée universelle. Benjamin Franklin, le seul citoyen dont l'Assemblée constituante de 1789 crut devoir porter le deuil, a exercé une grande influence sur l'esprit et les mœurs de ses compatriotes.

(1) Pour les détails voir dans l'*Histoire de l'Association polytechnique* un chapitre sur les Associations enseignantes.

Cet homme de bien, qui de simple ouvrier imprimeur a su s'élever aux plus hautes dignités, pouvait parler avec autorité aux ouvriers. Il a consacré toute sa vie à l'éducation populaire; il a montré les avantages des bibliothèques circulantes, et les écrits qu'il a publiés s'adressent à la classe ouvrière. Dans ses *Conseils à un jeune ouvrier*, Flanklin donne la pensée maîtresse qui inspire ses œuvres.

« Le chemin de la fortune sera, si vous voulez, aussi nul que celui du marché. Tout dépend surtout de deux mots : travail et économie, tout dépend du soin qu'on a de ne dissiper ni le temps ni l'argent, mais de faire de tous les deux le meilleur usage qu'il est possible. Sans le travail et l'économie vous ne ferez rien, avec eux vous ferez tout ».

Channing s'est occupé aussi toute sa vie de l'éducation et du perfectionnement des classes ouvrières. Ses écrits les plus intéressants et qui ont eu le plus de succès sont peut-être les lectures publiques qu'il fit à Boston en 1838 et qui ont pour objet l'éducation qu'on se donne à soi-même (self culture). — Pour l'homme du peuple qui veut grandir, il n'est qu'un secret, le même pour toutes les conditions, le seul qui mène à la véritable égalité, c'est le travail et l'élévation morale, c'est-à-dire l'amour du devoir, l'énergie de la volonté, la culture de l'esprit. — Telle est la doctrine fondamentale des œuvres sociales de Channing (1).

(1) Voir les *Œuvres sociales de Channing*, traduites en français et précédées d'une étude de M. Laboulaye sur Channing et sa doctrine. Paris, 1869, Charpentier.

Horace Mann, qui fut de 1837 à 1849 secrétaire du Bureau d'éducation du Massachusetts, attachait aussi une grande importance à l'enseignement moral, rattaché à des idées assez larges pour convenir à tous les Américains. Il s'occupa de la diffusion des écoles, des livres de classe et des bibliothèques scolaires, dont les parents étaient admis à profiter comme leurs enfants. Il fallait, selon lui, révéler à l'élève les lois du monde physique, moral, social, lois souveraines, inviolables, dont l'ignorance et l'oubli sont la cause principale des misères humaines. Horace Mann voyait dans l'école la préparation du citoyen à la vie publique et la garantie de la stabilité des institutions de son pays. On trouvera le développement de cette pensée dans sa *Conférence sur l'Importance de l'éducation dans une république.*

Les Etats de l'Union suivirent le mouvement inauguré par le Massachusetts ; ils doivent tous pour une bonne part à Horace Mann les progrès de leurs écoles.

Dans un pays où l'on attache une si grande importance à l'éducation, on ne s'étonnera pas que les principes du droit soient portés à la connaissance de tous par l'enseignement oral. Aux Etats-Unis on n'admet pas qu'un citoyen ignore les lois et les institutions de son pays.

Il en est de même en Suisse, en Belgique et en Italie, où l'on répand sous des noms divers l'instruction civique et où l'on commence dès l'école primaire à former le futur citoyen, en proportionnant l'enseignement à l'intelligence de l'enfant.

Pour l'Angleterre, nous avons vu que les instituts et les clubs d'ouvriers sont des centres d'instruction qui doivent leur origine aux ouvriers eux-mêmes aidés du concours d'hommes bienfaisants. Nous donnerons un exemple de cette sollicitude que les hommes éclairés témoignent à la classe ouvrière.

Pour rendre vraiment efficace l'institution de son musée économique, M. Twining avait pu se convaincre qu'il fallait d'abord enseigner à l'ouvrier les principes élémentaires des sciences dont les applications pratiques s'y trouvaient réunies. En 1860, il entreprit d'organiser des conférences élémentaires et gratuites sur la science pratique dont le besoin se fait le plus sentir dans la vie usuelle et les offrit aux réunions d'ouvriers dans les différents quartiers de Londres, d'après le système binaire qui consiste à faire agir conjointement un lecteur et un démonstrateur. Ces conférences eurent le plus grand succès, elles ont été recueillies dans un volume sous le titre de *Science Madecasy* (1), l'ouvrier intelligent est invité à prendre part à l'œuvre de bien-être et de progrès instituée dans son intérêt et à s'approprier des connaissances dont le reflet bienfaisant s'étendra sur sa vie entière. Ce livre est de plus un précis à l'usage des artisans en vue des examens qu'ils désireraient passer. M. Twining l'a conçu d'après un plan qui, selon lui, établit une distinction nécessaire entre la voie théo-

---

(1) Cf. *La science à la portée de tous*, programme explicatif des livres, appareils, planches murales et autres objets d'enseignement exposés à Paris, en 1878, par M. Twinning, *Congrès international des Institutions de prévoyance*, page 382. — Voir aussi le *Technical training*, à l'usage de ceux qui sont en position de contribuer à la propagation des connaissances scientifiques parmi les classes laborieuses.

rique où doit s'engager l'étudiant à l'esprit cultivé qui aspire à devenir savant et la voie pratique où doit cheminer le bon ouvrier qui ne demande à la science que de l'aider à mieux gagner son pain et à mieux vivre.

Les ouvriers anglais sont des gens pratiques ; l'organisation de leurs Trade's Unions et de leurs sociétés coopératives en est la meilleure preuve. On parle depuis longtemps du goût qu'ils ont pour la science économique. En 1816, le docteur Whateley, primat d'Irlande, disait à M. de Beaumont que la peste du socialisme ne saurait atteindre l'Angleterre, parce que le catéchisme économique en préservait ses ouvriers. Plus de vingt ans après, MM. Demogeot et Montucci purent constater que le mot de Robert Peel n'avait pas cessé d'être vrai et que chez nos voisins d'outre-Manche les ouvriers connaissent trop bien l'économie politique pour vouloir faire des révolutions.

Ce sont les conférences publiques qui ont permis à Richard Cobden de propager les doctrines d'Adam Smith. Dans les instituts d'artisans, l'économie politique est mise à la portée de tous les âges et de toutes les intelligences sous les formes les plus variées et souvent les plus simples. En 1866, M. de l'Etang (1) signalait l'attrait que cette science a pour la jeunesse à laquelle on a grand soin de la présenter comme sujet de conversation par demandes et par réponses, en provoquant souvent les élèves à s'interpeller entre eux. En 1882, les coopérateurs qui se préoccupent beaucoup de leur instruction et de

(1) *Des livres utiles et du colportage,* par M. de l'Etang, 1866.

leur éducation, ont accueilli avec empressement la proposition qui leur a été adressée par des professeurs de l'université de Cambridge, de leur faire des conférences sur l'économie politique. M. Benjamin Jones, de Londres, s'est proposé comme premier professeur et a fait un cours normal de coopération en quinze jours.

Il était intéressant de rechercher ce qu'est à l'étranger l'instruction populaire. Dans l'étude à laquelle nous nous sommes livrés, nous avons eu soin de noter la part attribuée dans l'enseignement des adultes à l'histoire, au droit, à l'économie politique. Nous sommes maintenant en mesure de nous rendre compte de ce qui a été fait chez nous par l'administration ou l'initiative privée pour développer à la fois l'instruction et l'éducation sociale des classes laborieuses.

II. — L'INSTRUCTION POPULAIRE EN FRANCE.

En France, nous n'avons pas d'écoles du dimanche, de plus nos grandes écoles de l'Etat, nos Facultés sont fermées quant l'ouvrier a fini sa journée; mais, en revanche, les cours d'adultes ont reçu une puissante impulsion.

La création des cours d'adultes avait été votée par la Convention (1) ; mais, la direction manquant, la marche fut lente, les résultats peu appréciables pendant la Révo

(1) L'article 4 du décret adopté le 30 mai 1793 est ainsi conçu : « Les instituteurs sont chargés de faire aux citoyens de tout âge, de l'un et de l'autre sexe, des lectures et des instructions une fois par semaine. »

lution et l'Empire, elle devait être réalisée non pas par l'Etat, mais par des associations particulières d'enseignement qui fondèrent à Paris, puis dans les départements, des cours libres qui existent encore aujourd'hui.

En 1821, M. Decazes et M. Ch. Dupin créèrent les cours du Conservatoire des Arts-et-Métiers, dans le but de procurer aux adultes le moyen de suppléer à l'instruction. Vers la même époque, des cours pour les ouvriers furent établis à Metz par des professeurs de l'Ecole d'Artillerie, Poncelet, Bardin, Bergery. Mais les cours publics du Conservatoire, confiés à des savants de premier ordre, s'adressaient aux fabricants et contre-maîtres plutôt qu'aux simples ouvriers.

Après la Révolution de 1830, un groupe d'anciens élèves de l'Ecole Polytechnique entreprit de fonder à Paris des cours gratuits s'adressant exclusivement aux ouvriers. Cette association, dont les promoteurs furent Poncelet, de Tracy, Lariboisière, Larabit, Aug. Comte, Perdonnet et tant d'autres, a donné une impulsion considérable à l'instruction publique. Les premières conférences furent faites dans les ambulances du palais de Saint-Cloud aux blessés convalescents des journées de Février. Depuis, ces cours se sont singulièrement multipliés (1). *L'Association polytechnique* a résolu d'une façon pratique le problème de l'enseignement primaire supérieur, et à ce titre, elle a été déclarée d'utilité publique en 1879.

---

(1) L'Association polytechnique compte 15 sections à Paris et 18 sections suburbaines, dans lesquels 200 cours gratuits pour les élèves sont faits gratuitement par les professeurs.

Parmi les sociétés qui poursuivent le même but, citons la *Société philotechnique* (1), créée d'une scission qui s'est produite en 1848 au sein de la Polytechnique, la *Société pour l'instruction élémentaire* (1866) (2), l'*Union française de la jeunesse* (1875) (3), dont deux cents membres se sont séparés en 1882 pour former l'*Union de la Jeunesse républicaine*(4). En dehors de Paris, citons l'*Union scolaire de Sceaux* (1869), la *Société d'enseignement professionnel du Rhône*, la *Société philomatique de Bordeaux*, la *Société libre d'émulation de la Seine-Inférieure*. Nous avons la douleur de ne plus pouvoir compter la *Société industrielle de Mulhouse*, mais nous avons encore des *Sociétés industrielles* dans un certain nombre de villes manufacturières.

Les programmes de ces différentes sociétés sont très vastes ; ils comprennent les matières suivantes : lectures, langue française, arithmétique, géométrie, coupe des

---

(1) L'*Association philotechnique* compte à Paris seulement 200 cours par semaine, dont 40 pour les femmes.

(2) Les cours de la *Société pour l'instruction élémentaire* destinés exclusivement aux jeunes filles, sont au nombre de 38 et sont suivis par près de 1800 élèves.

(3) L'*Union française de la Jeunesse* a fondé six sections à Paris. Des conférences ont été souvent faites dans les départements.

(4) L'*Union de la Jeunesse républicaine* compte 500 adhérents. Elle s'attache surtout à faire des conférences dans les départements.

Ces renseignements statistiques se réfèrent à l'année 1883. Nous les avons empruntés au livre de M. Beurdeley, intitulé : « L'*École nouvelle*. » Delagrave, 1884.

pierres et charpente, arpentage, nivellement, algèbre, géométrie descriptive, trigonométrie, mécanique, dessin de machines, histoire naturelle, hygiène, physique et chimie et leurs applications à l'industrie, étude des matières, comptabilité et tenue des livres, géographie, langues vivantes, dessin linéaire et d'ornement, économie politique, législation usuelle, histoire de France, littérature et chant. — Il y a là une véritable encyclopédie, mais nous devons faire observer que ces différentes matières ne sont pas enseignées dans toutes les sections.

Il est regrettable que les cours d'adultes fassent défaut dans les moyennes et petites localités, où personne ne veut agir, par crainte du qu'en dira-t-on.

A côté des cours libres du soir organisés par l'initiative privée, il faut placer les cours d'adultes proprement dits, ouverts le soir dans les écoles communales. Les cours d'adultes officiels sont faits par les instituteurs et institutrices et sont divisés en deux classes : les uns sont pour les adultes au-dessus de dix-huit ans, les autres pour les apprentis au-dessus de douze ans. Ils ont été réorganisés par la Circulaire du 4 avril 1882 qui permet l'établissement de conférences populaires et de lectures publiques pour lesquelles elle fait surtout appel aux membres de l'enseignement secondaire, aux médecins, pharmaciens, ingénieurs (1). Il y a là un élément de progrès dont on n'a pas encore su tirer parti.

En dehors des cours d'enseignement primaire, il est

(1) Les sujets de conférences ou de lectures devront être au préalable approuvés par le conseil départemental ; une indemnité pourra être accordée aux auteurs des conférences.

fait dans les classes d'adultes des cours de dessin, de chant et d'enseignement commercial. Une création originale est celle de l'enseignement commercial et industriel établie par la Ville de Paris à la fin de 1881, à l'effet de permettre aux nombreux jeunes gens des deux sexes qui ont été obligés, par leur situation de fortune, de choisir une carrière lucrative au sortir de l'école primaire, d'acquérir des connaissances pouvant avoir leur application dans toutes les branches du commerce.

« Pour les jeunes gens, l'enseignement est divisé en deux ordres distincts : enseignement commercial et enseignement industriel. Pour les jeunes filles, il n'y a qu'un ordre d'enseignement : l'enseignement commercial.

« Les programmes comprennent des parties communes. L'enseignement est divisé en deux degrés, un degré élémentaire et un degré supérieur, nécessitant chacun deux années d'études.

« L'écriture, l'arithmétique, la tenue des livres, la comptabilité, la correspondance commerciale, la géographie agricole, industrielle et commerciale de la France, les langues vivantes sont les matières principales sur lesquelles porte pour les jeunes gens des deux sexes le programme de l'enseignement du degré élémentaire. Les cours destinés aux jeunes gens comprennent, en outre, des notions de technologie industrielle et commerciale (étude des matières et des procédés de fabrication).

« Le programme du degré supérieur a un objectif plus étendu. On approfondit les matières déjà enseignées dans les cours élémentaires, on y ajoute la géographie industrielle et commerciale, le droit commercial et des notions d'économie politique. L'étude des langues vivantes reçoit aussi, dans ce cours, une place prépondérante.

« Des certificats sont délivrés, après examen public, aux auditeurs qui justifient des connaissances inscrites au programme de chacun des deux degrés de l'enseignement commercial. La liste de ceux qui ont obtenu ces certificats est communiquée à la chambre et au tribunal de commerce, aux chambres syndicales des diverses industries, ainsi qu'aux principales maisons de banque ou de commerce. Les élèves âgés de moins de quatorze ans ne peuvent être admis à les suivre, qu'à la condition de produire le certificat d'études primaires.

« Les cours qui ont lieu tous les soirs du premier lundi d'octobre au 30 juin, sont actuellement établis dans presque tous les arrondissements de Paris » (1).

(1) En 1883, il y avait 12 écoles de garçons, et pour les cours de femmes et de jeunes filles, 12 étaient subventionnés par la ville de Paris et 3 par les caisses des écoles et la chambre de commerce.

CHAPITRE IV

L'ENSEIGNEMENT POPULAIRE DES SCIENCES MORALES ET POLITIQUES EN FRANCE

I. — L'ÉDUCATION MORALE ET CIVIQUE A L'ÉCOLE.

Maintenant que nous connaissons les institutions françaises qui contribuent au développement de l'instruction populaire, demandons-nous si les sciences morales et politiques ont été l'objet d'une vulgarisation vraiment sérieuse. Voyons quelle place l'Etat et les associations leur ont fait dans leurs programmes.

Dès la première heure, les hommes de la Révolution se sont préoccupés de l'éducation du citoyen. Au nom du comité de l'instruction, Talleyrand disait :

« L'instruction, considérée dans ses rapports avec l'avantage de la société, exige comme principe fondamental qu'il soit enseigné à tous les hommes à connaître la constitution de cette société. »

Ces idées furent sanctionnées par la Constituante dans le projet de décret de 1791 sur les écoles primaires, dont le programme comprenait : « des instructions simples et élevées sur les devoirs communs et sur les lois qu'il est indispensable à tous de connaître, des exemples d'actions vertueuses qui les toucheront de plus près et avec le nom du citoyen vertueux, celui du pays qui l'a vu naître. »

On trouve dans l'article 8 du décret sur les livres élémentaires adopté le 13 juin 1793 après un rapport d'Arbogast, mais non mis en exécution :

« Il sera composé, pour tous les citoyens qui se borneront au premier degré d'instruction, des livres de lecture. Ces ouvrages, différents pour les âges et les sexes, rappelleront à chacun ses droits et ses devoirs ainsi que les connaissances nécessaires à la place qu'il occupe dans la société. »

Condorcet, allant plus loin, pensait que l'instituteur devait faire des conférences publiques pour les hommes de tout âge et y développer avec la morale cette partie des lois nationales dont l'ignorance empêcherait un citoyen de connaître ses droits et ses devoirs.

La question de l'éducation morale et civique fut à l'ordre du jour pendant toute la Révolution. On trouvera sur les manuels et les catéchismes sociaux qui furent publiés à cette époque, les détails les plus intéressants dans deux études nouvelles de M. l'abbé Sicard et de M. Beurdeley (1). Mais on tomba dans des excentricités qui compromirent ce qu'il pouvait y avoir d'exact dans

---

(1) Abbé Sicard. — *L'éducation morale et civique avant et pendant la Révolution.*

Beurdeley. — *L'éducation morale et civique pendant la Révolution.*

l'idée de constituer une éducation du citoyen. La loi du 7 mai 1791 n'a-t-elle pas décrété les trente-six fêtes républicaines destinées à fonder la morale et la vertu !

Sous l'Empire et la Restauration, toute idée de droit et de devoir politique fut bannie de l'instruction. La loi de 1833 sur l'enseignement primaire fut rendue sous une constitution qui tendait à faire des citoyens et à étendre le plus loin possible leurs droits et leurs devoirs, et cependant, malgré l'amendement proposé par MM. Salverte et Laurence, le programme ne comprenait pas l'instruction civique.

Depuis la proclamation du suffrage universel, tout citoyen est appelé par son vote à prendre part à l'exercice du pouvoir politique ; la nécessité pour chacun de nous de connaître la constitution qui nous régit s'impose désormais. En 1848, dans son projet de loi sur l'instruction primaire, M. Carnot avait placé au nombre des matières du programme « la connaissance des devoirs et des droits de l'homme et du citoyen, le développement des sentiments de liberté, d'égalité et de fraternité. »

Sous le second Empire, l'idée ne fut point reprise, mais depuis 1870-1871, on a réclamé l'introduction dans l'école de notions simples et précises sur les devoirs des droits de l'homme et du citoyen.

Ce mouvement d'opinion a abouti à l'inscription des notions usuelles du droit dans le programme de l'instruction primaire contenu dans l'article 1er de la loi du 28 mars 1882. Ce même article prescrit aussi des notions d'économie politique.

On se rappelle l'agitation causée par cet article 1er de la loi du 28 mars 1882. On sait que le Sénat avait repoussé l'amendement de M. Jules Simon, qui réclamait que le mot Dieu fût inscrit dans la loi. Bien des personnes seront étonnées d'apprendre que le programme et les circulaires ministérielles ont donné satisfaction en fait à M. Jules Simon.

Ainsi donc, aujourd'hui, en France, à l'école primaire, on doit donner une idée de l'histoire nationale, de l'économie politique, du droit usuel, de l'instruction civique en ce qu'elle a de technique, au moyen d'exemples tirés de la vie quotidienne, de récits simples et variés et de livres faits pour le premier âge accompagnés d'illustrations. C'est là une tâche difficile à laquelle on a prescrit de préparer instituteurs et institutrices dans les écoles normales.

En quittant l'école, l'enfant aura une idée de la constitution du pays ; on lui aura parlé du vote, du chef de l'Etat, des obligations du citoyen envers l'Etat, du respect de la loi, du paiement de l'impôt, du service militaire, des institutions de la commune, du canton, de l'arrondissement et du département. Il n'ignorera pas non plus ce que c'est que le travail, la propriété, le salaire, le capital, l'association, la prévoyance et la mutualité.

Mais plus tard seulement l'enfant, devenu jeune homme, abordera avec fruit l'étude vraiment sérieuse de ces sciences.

II. — L'ÉDUCATION SOCIALE ET ÉCONOMIQUE DES ADULTES. — L'ENSEIGNEMENT POPULAIRE DE L'ÉCONOMIE POLITIQUE.

On s'est beaucoup moins préoccupé de la vulgarisation

du droit et de l'histoire que de celle de l'économie politique. Si nous faisions l'histoire de l'enseignement de l'économie politique, nous verrions que successivement cette science a été introduite dans les programmes de l'instruction supérieure, secondaire et primaire. Nous nous bornerons seulement à énumérer les tentatives qui ont été faites pour organiser l'enseignement populaire de l'économie politique.

Le cours d'économie industrielle du Conservatoire des Arts et Métiers, professé successivement par des hommes comme J.-B. Say, Ad. Blanqui, Wolowski, Levasseur, est trop élevé pour de simples ouvriers. A ces derniers s'adressait le cours que fit à Metz M. Bergery, en 1821, et qui a été publié.

Le gouvernement de 1848 voulut établir un enseignement économique et social populaire; dans ce but, il avait sollicité le concours des membres de l'Académie des sciences morales et politiques. Parmi les publications qui parurent alors, il y eut des chefs-d'œuvre et surtout le livre de Thiers sur la *Propriété*. Malheureusement, ces généreuses résolutions furent bientôt emportées et anéanties. D'ailleurs, l'Etat ne peut pas tout faire en pareille matière, et il aura toujours besoin du bon vouloir, de l'activité et du dévouement des corps électifs, des associations et des individus.

Sous le Second Empire, les économistes étaient des suspects, mais après le traité de commerce de 1860, l'économie politique s'imposa promptement comme la conséquence de la nouvelle politique commerciale. Par son ardeur à propager la connaissance de la science économique, M. Fr. Passy a mérité d'être appelé l'apôtre de l'économie politique. De 1860 à 1861, il fit des conférences à Pau, à Montpellier, à Bordeaux, à Nice et à Nancy. Paris restait encore fermé. En 1864, M. Passy fut autorisé par M. Perdonnet, président de l'Association polytechnique, à faire deux conférences sur les *Machines*, dans le grand amphithéâtre de l'Ecole de Médecine, où, en 1860, l'œuvre des conférences publiques et gratuites avait été inaugurée.

En même temps, M. le ministre de l'Instruction publique ouvrait les soirées de la Sorbonne dans lesquelles plusieurs orateurs, MM. Batbie, Levasseur, Passy, entre autres, traitaient des sujets d'économie politique.

M. Perdonnet comprit qu'il fallait faire une part plus large à l'économie politique. M. Passy fit alors, à l'Ecole de Médecine, un cours libre, en onze leçons. A la même époque (1865-1866), un groupe d'économistes, formé sous les auspices de l'Association polytechnique, organisa à l'école Turgot, avec le concours de M. Marguerin, une série de conférences constituant un ensemble de notions sur l'économie politique. En voici les titres : *Economie industrielle. — Le capital. — Travail et salaire. — Intérêt et usure. — Corporations et liberté du travail. — Sociétés coopératives. — Echange et monnaie. — Crédit. — Liberté commerciale.*

L'année suivante, quelques nouveaux professeurs, notamment M. Horn, se joignirent à MM. J. Garnier, Baudrillart, Batbie, Courcelle-Seneuil, Levasseur, J. Duval, Wolowski, P. Coq, F. Passy, et une nouvelle série de conférences fut faite à l'Ecole de Médecine (1).

(1) Ces deux séries ont été publiées sous le titre de : *Association polytechnique, cours d'économie industrielle*, recueilli et publié par Evariste Thévenin.

M. Levasseur, à qui nous empruntons ces détails (1), fait remarquer que « *des divergences sur certaines questions ont nui à l'harmonie de l'ensemble et à l'action que l'effort commun aurait pu exercer sur l'opinion publique.* »

A peu près à la même époque, un comité ayant comme président M. de Bosrédon organisait, sous le patronnage de l'Impératrice (2) à l'Asile impérial de Vincennes, un système de conférences pour occuper les loisirs des convalescents. C'était la réalisation d'une pensée plusieurs fois exprimée par l'empereur et qu'il avait ainsi formulée lorsqu'il n'était que président de la République : « N'oubliez pas, disait-il le 31 août 1819 aux exposants français, de répandre parmi les ouvriers les saines doctrines de l'économie politique. »

Des économistes : MM. Baudrillart, Wolowski, Levasseur, Garnier, Lavollée, J. Duval prirent part à cette propagande d'un nouveau genre (3). Les conférences faites à l'asile de Vincennes, publiées sous la forme de petits livres à 0 fr. 25 c. et 0 fr. 35 c., se répandirent par millions dans les bibliothèques et les cours d'adultes.

---

(1) *Résumé historique de l'enseignement de l'économie politique et de la statistique en France.* Journal des Economistes, Nov. 1882.

(2) Un décret du 8 août 1865 avait placé les Etablissements généraux de bienfaisance sous le patronage de l'impératrice.

(3) Voici les titres de quelques-unes de ces conférences :

Luxe et travail. — L'argent et ses critiques. — La propriété. — Les sociétés coopératives — Les sociétés de secours mutuels. — La prévoyance et l'épargne. — Notions générales d'économie politique.

Un professeur de faculté en mission, M. Rondelet, fut chargé de vulgariser les doctrines économiques par des conférences populaires qu'il fit dans plusieurs villes, notamment à Marseille, à Rouen et à Rive-de-Gier. A Saint-Quentin, il fit dix conférences sur *La Production*, réunies depuis en volume.

Pendant cette période, MM. Derivaux, Moullart, Lebrun ouvraient des cours libres d'économie politique à Angoulême, à Amiens et à Saint-Etienne ; MM. Francolin, Walras, Courcelle-Seneuil et Pautet se faisaient entendre à Paris.

Sous la troisième République, l'enseignement de l'économie politique s'est généralisé et est devenu obligatoire aux divers degrés de notre instruction publique ; et l'action de l'initiative privée n'a pas cessé de se manifester.

En 1872, des conférences étaient faites à Paris, rue d'Arras, auxquelles assistaient des gérants de Sociétés coopératives et des adhérents plus ou moins directs de leurs idées. « Des statuts furent préparés, dit M. Benjamin Rampal, et une liste de souscription fut ouverte pour couvrir les frais de l'enseignement, qui devait être fait à un point de vue spécialement pratique. On se proposait de rechercher la meilleure voie à suivre dans la mise en œuvre des diverses combinaisons coopératives, de profiter de l'expérience acquise pour éviter les écueils contre lesquels on s'était heurté ; et de s'approprier, par une étude comparée, le résultat des travaux faits chez nos voisins. Le cadre était bien tracé, mais il fut mal rempli. La plupart du temps, les discussions s'égarèrent sur des points étrangers à l'objet qu'on poursuivait. La coopération, qui devait être le sujet principal, finit par y devenir le sujet accessoire, les conférenciers qui occupaient la chaire se montrant souvent aussi peu instruits de la théorie que de la pratique. L'enseignement s'éteignit sans écho et au milieu de l'indifférence générale (1). »

En 1875, à la mairie de la rue Drouot, à Paris, un cours public et gratuit d'économie politique a été fondé sous les auspices de l'Association philotechnique ; depuis 1880, il a été divisé en deux parties. A la même mairie, en 1877, ont été ouverts les *Cours Bamberger* destinés aux employés de commerce et portant sur l'économie politique, le droit commercial et la géographie économique. MM. Ch. Letort, Courtois, Simonin, Lyon-Caen, Pigeonneau ont prêté leur concours.

Des séries de conférences ont été également organisées à Lyon, Bayonne, Bordeaux, Orléans, Chartres, Versailles, Corbeil, Reims, Vincennes, à Paris à l'hôpital St-Louis. MM. Dameth, Lescarret, Rabourdin, Georges Renaud, Léon Philippe, F. Cadet, Brelay, ont contribué à répandre la connaissance de la science économique. Cette dernière fait l'objet d'un cours régulier qui a été institué par la Chambre de commerce de Bordeaux, M. Rondelet aussi a cherché à vulgariser l'économie politique dans les cercles catholiques d'ouvriers.

Depuis 1872, à Paris, Mlle Malmanche, a fait introduire l'économie sociale dans l'enseignement des femmes. Dans les cours commerciaux de garçons, organisés par la ville de Paris, une heure par semaine est

---

(1) *Cours d'économie politique* de Schulze-Delitzsch, trad par B. Rampal, T. I. CXCIII.

consacrée à l'économie politique. La géographie industrielle et commerciale figure aussi dans le programme de ces cours.

On a fait remarquer que dans l'enseignement d'un certain nombre des écoles techniques industrielles dues à l'initiative privée, l'économie politique tend à occuper la place que l'on voudrait lui voir tenir dans certains établissements de l'Etat. Aussi tandis qu'elle est enseignée à l'Institut industriel du Nord de la France, à l'École supérieure d'industrie de Bordeaux, etc , elle ne figure ni au programme de l'École centrale, ni dans les établissements qui ont plus spécialement pour but de former des contre-maîtres, comme l'école des mines de St-Etienne, les écoles des arts-et-métiers de Châlons, d'Angers et d'Aix, les écoles des maîtres-mineurs d'Alais et de Douai (1).

« Aujourd'hui, dit M. Levasseur. dans plusieurs sections de l'Association polytechnique, de l'Association philotechnique, et de l'Union de la jeunesse à Paris, dans les cours de la Société pour l'enseignement professionel du Rhône et dans les cours de la Société d'économie politique de Lyon, dans ceux de la Société philomatique à Bordeaux, dans ceux de la Société industrielle à St-Quentin, à Reims, à Amiens, l'enseignement de l'économie politique a conquis une place. *Toutes ne sont sans doute pas encore occupées à poste fixe, néanmoins cette extension a donné à la science de nombreux collaborateurs dont les services sont pour la plupart gratuits.*

---

(1) Voir G. Salomon. — *Du rôle de l'enseignement économique dans les écoles techniques industrielles.*

La *Société d'économie populaire*, de création récente, peut produire les meilleurs résultats. Elle compte à côte de savants comme MM. Passy, Burdeau, Mercier, des ouvriers, membres de syndicats, tels que MM. Marty, Bunel, Masquin, Crozet, Fourneyron, Veyssier, Emile. Les comptes-rendus des discussions intéressantes qui ont lieu à cette Société peuvent servir à l'instruction des travailleurs.

En 1881, l'*Union des Chambres syndicales ouvrières* et *l'Union nationale du commerce et de l'industrie* organisèrent d'un commun accord des conférences mixtes. Les deux premières conférences auxquelles se trouvèrent réunis ouvriers et patrons portèrent sur les sujets suivants : *Les moyens de prévenir les grèves sans léser les droits de l'ouvrier ; — L'hygiène et la salubrité des ateliers.*

On ne peut que souhaiter la répétition de pareils essais ; il y a là un puissant élément de progrès.

Il nous est maintenant facile de répondre à la question que nous avons posée : que fait-on pour mettre la science économique et sociale à la portée des classes laborieuses ?

III. — LACUNES DE L'ENSEIGNEMENT POPULAIRE AU POINT DE VUE SOCIAL ET ÉCONOMIQUE.

Nous avons dit que l'instruction civique donnée à l'école est nécessairement insuffisante.

On a cherché autrefois à créer un enseignement populaire de l'économie politique, et dans cette voie, ce sont nos associations enseignantes qui ont développé le plus d'activité ; mais à l'heure actuelle, le mouvement s'est peut-être ralenti.

On a compris que quelques notions de droit usuel devaient compléter l'instruction élémentaire, mais on fait peu d'efforts pour vulgariser l'enseignement des éléments de la législation française.

On ne peut nier que l'on ait négligé cette partie importante de l'éducation du citoyen.

Enfin, si l'histoire de France et la géographie figurent sur presque tous les programmes, on a généralement négligé d'y inscrire l'histoire du commerce, l'histoire des inventions industrielles et la géographie économique.

Il faut l'avouer, la législation, l'histoire, la science économique ne reçoivent pas tous les développements qu'elles comporteraient, parfois même elles sont complètement sacrifiées. A côté de sections où elles font l'objet de cours réguliers, il n'en manque pas où elles ne sont même pas enseignées (1). Cela tient à différentes causes.

Les programmes de nos grandes associations d'enseignement sont très étendus ; à côté de l'enseignement primaire supérieur et secondaire les sciences morales et politiques n'ont pu obtenir qu'une place restreinte.

D'autre part, les professeurs chargés des cours de droit et d'économie politique s'adressent le plus souvent aux

(1) Cette année, dans le 5e arrondissement, l'Association polytechnique seule a un cours d'économie politique, et de législation usuelle, l'Union française de la Jeunesse et l'association polytechnique n'ont pas de professeurs pour ces matières.

ouvriers et aux gens du monde; peut-être a-t-on oublié que pour attirer surtout des ouvriers à des cours de cette nature, la seule forme que l'on pût employer était ce moyen qui a si bien réussi sous le Second Empire à l'Ecole Turgot : la série de conférences.

Certes, la plupart des Associations enseignantes ont eu l'heureuse idée de joindre des conférences à leurs cours, mais en général, entre les sujets traités n'existe pas ce lien qui en ferait un élément sérieux d'éducation populaire.

On a probablement eu tort de penser que l'enseignement des conférences, pour être approprié à son sujet, devait se renfermer dans les limites d'une leçon et rester tout à fait indépendant des autres.

Il nous semble que l'avenir est à un système intermédiaire entre les conférences détachées, dont le but est d'instruire en distrayant, et l'enseignement proprement dit résultant des cours.

L'ouvrier, dont l'amour-propre est facilement éveillé, ne se soucie pas d'aller à l'école comme un enfant ; il ne s'agit donc pas d'instituer des cours approfondis sur les sciences morales et politiques. Il faut se contenter de mettre à la portée des personnes à qui manquent les connaissances préliminaires, les points les plus importants de ces sciences. On ne peut guère y parvenir qu'en groupant les idées et les faits à retenir autour d'un petit nombre de sujets, dont chacun présente pour les auditeurs de passage l'intérêt d'une monographie bien faite, et pour les auditeurs assidus une partie d'un ensemble, et cela d'une manière facile et attrayante, qui puisse inspirer le goût de ces études.

Un passage de l'*Histoire de l'Association polytechnique*, publiée en 1880 par le conseil de cette société (1), nous porte à penser que nous ne sommes pas seul de cet avis.

« On put croire un instant en 1865, au moment où, sous l'impulsion féconde de M. Duruy, des conférences publiques s'organisèrent sur tous les points du pays, que ce grand mouvement se convertirait en efforts continus, et provoquerait la formation d'associations locales ayant pour but l'instruction et la moralisation des classes ouvrières, comme cela s'est présenté pour quelques-uns des peuples, nos voisins. Il n'en fut rien. Et pendant qu'en Suisse, en Allemagne, en Belgique, ces conférences furent des centres d'attraction autour desquels se groupèrent bientôt des cours publics et techniques à la portée des ouvriers, en France, elles sont restées ce qu'elles ont été dès l'origine, un moyen de distractions utiles et agréables surtout pour les gens du monde. *Ces conférences n'ayant entre elles aucun lien, aucune coordination, furent néanmoins accueillies avec faveur par les classes laborieuses, pour lesquelles cependant elles n'avaient point été créées, mais elles durent nécessairement tomber à cause de leur défaut de méthode, leur manque d'ensemble et d'esprit pratique.*

« *Depuis 1870, le caractère de ces utiles institutions paraît, principalement dans la capitale, s'être modifié, mais nulle part encore elles n'apportent à l'instruction théorique et pratique du jeune ou*

---

(1) V. pages 249-251.

vrier le complément d'étude, qui serait la plus grande, sinon l'unique raison de leur existence.

« Au-dessus de l'école primaire, au-dessus de l'enseignement secondaire et supérieur se meut la masse de la nation, hommes et femmes, partie essentiellement intelligente, s'il en fut, pourvue des mêmes aspirations, vivant de la même vie et journellement aux prises dans les comptoirs, les usines, les ateliers, avec les exigences que créent partout la liberté de production, la concurrence étrangère, la libre initiative. Les esprits s'éveillent et travaillent, les intelligences grandissent avec ces difficultés, mais elles font naître en même temps des besoins nouveaux qu'il faut satisfaire et qu'une instruction plus générale et plus élevée que celle de l'école professionnelle peut seule donner. C'est là la raison d'être des cours populaires; tels sont les services qu'ils sont appelés à rendre ».

Si l'enseignement populaire n'a pas en France porté tous les fruits qu'on pouvait en attendre, c'est, selon nous, qu'on n'a pas pu faire marcher de pair la récréation avec l'éducation et l'instruction. Mais, en attendant que les syndicats professionnels ressemblent aux Workingmen's clubs, dans l'état présent des choses, la question de l'éducation des classes laborieuses se prête à des mesures immédiates.

CHAPITRE V

MOYENS QUE L'ON POURRAIT EMPLOYER POUR DÉVELOPPER L'ÉDUCATION ÉCONOMIQUE ET SOCIALE

L'ACTION ET L'ENSEIGNEMENT.

Certes, nous pouvons nous inspirer de ce que l'on fait à l'étranger pour l'éducation populaire; mais nous pouvons aussi prendre des modèles chez nous.

Tout d'abord, il faut imiter le dévouement de ces hommes qui ont cherché à répandre dans notre pays les institutions qui tendent à l'amélioration du sort des populations laborieuses par elles-mêmes, c'est-à-dire l'association et la mutualité.

Nous ne saurions taire les noms de nos concitoyens qui ont travaillé à propager l'idée coopérative. MM. Cochut et Goudchaux, l'école néo-catholique tout entière avaient encouragé les premiers essais d'association. Ils se montraient franchement favorables aux sociétés ouvrières, les aidant de leurs conseils, de leurs écrits, de leur influence et parfois de leur argent. Le mouvement d'opinion qu'ils créèrent aboutit au vote par l'Assemblée Constituante, d'un crédit d'environ trois millions de francs, lesquels furent répartis en pure perte entre 45 sociétés.

A partir de ce moment, le mouvement coopératif fut comprimé chez nous; mais les succès obtenus par les coopérateurs anglais et allemands réveillèrent des sympathies qui, pendant douze ans, n'avaient pas pu se manifester au grand jour. Des publicistes de talent s'attachèrent à propager les nouvelles idées économiques. La Caisse d'escompte des associations populaires fut établie; elle était administrée par MM. Léon Say, Jules Simon, Léon Walras et autres notabilités. Bien plus, à l'exemple du gouvernement de 1848, on entra dans la voie des prêts et subventions aux sociétés ouvrières. Une caisse, dont le siège était place Royale, fut fondée sous le patronage impérial. Le chef du gouvernement y fit verser un demi-million.

« On n'oubliait qu'une chose, dit M. Benjamin Rampal, c'est que si le système des subventions pratiqué par un gouvernement libéral ne peut aboutir, ce même système appliqué au sortir d'une longue compression, qui a brisé le ressort des âmes et énervé l'intelligence, est encore plus impuissant. La démonstration n'en fut bientôt que trop évidente. Enquête officielle, lois spéciales, appui offert par un pouvoir corrupteur, efforts désintéressés des citoyens, et dont le seul mobile était dans cet amour de l'humanité qui survit à nos plus grands naufrages, tout fut frappé de la même stérilité. Nous avons, acteur ému, assisté à cet avortement d'efforts qui avaient pour but d'amener un rapprochement entre les classes qui possèdent l'aisance ou la richesse et celles qui en sont privées; nous avons vécu au milieu d'un groupe d'hommes qui, par la parole, la plume et même leur concours pécuniaire, s'efforçaient de doter leur pays d'institutions économiques qu'ils voyaient fleurir dans les pays voisins. Leurs tentatives ont été vaines, et des liquidations désastreuses sont venues tarir les sources du crédit populaire qu'ils voulaient constituer. En même temps on voyait se fermer la Caisse de prêts aux associations par le gouvernement dans des vues beaucoup moins désintéressées (1). »

M. Benjamin Rampal, à qui nous empruntons ces lignes, a laissé à la Ville de Paris un legs de 417,000 francs destinés à être répartis, à titre de prêt, aux sociétés coopératives.

On a vu se former successivement des associations d'études pratiques sur les sociétés coopératives et la participation aux bénéfices. Citons, à un autre titre, la Société protectrice des travailleurs, dirigée par M. Onésime Perrine, qui se proposait, suivant ses propres termes, « de rechercher le rapprochement des classes », en aidant et en instruisant les ouvriers.

Nous avons tort de ne pas donner aux banques populaires le développement qu'elles ont au dehors; cependant, depuis quelques années, des associations catholiques, dont le centre est à Paris, essaient d'organiser le crédit populaire. Le R. P. Ludovic est l'âme de ces institutions nouvelles.

---

(1) Voir *Cours d'économie politique* de Schulze-Delitzsch, traduit par Benjamin Rampal, T. I, CLXXXIII et sqq.

Le grand nombre des personnes qui acceptent de payer aux sociétés de secours mutuels des cotisations, à titre de membres honoraires, est une preuve des efforts que l'on fait en France pour multiplier les institutions de prévoyance. Nous trouvons un aperçu du mouvement des mutualités à notre époque, dans le *Moniteur des syndicats ouvriers* du 25 septembre 1884.

« Le mouvement des mutualités, accentué par les congrès qui se sont affirmés successivement en plusieurs points du territoire, a eu l'avantage de classer une série de citoyens; attachés d'instinct à l'affermissement du corps social et de les familiariser avec les opérations administratives, il y a là une excellente école en raison du personnel bien disposé ; à côté des documents partiels qui ont amené des résultats pratiques véritablement remarquables; tels qu'à Reims, Pau, Marseille, Lyon; à côte des expériences locales ou individuelles faites par Chaix, Dufour, Lelièvre, Godin, Ch. Richard, Bonjean, Tourasse et Piche, Bléton, Cavé, Leclaire, etc.; en dehors de la campagne propagandiste soutenue si vaillamment par M. de Malarce et Eugène Copoix, des études sérieuses ont élargi le cadre du sujet. La pluralité des lauréats au concours Péreire, d'une part, et de l'autre, Grison de Lisieux, Ségoffin, Blanchard, Anselme, Jacquet, Fabien, Paul Matrat, Laviron, Dubus, Blanchard, Jourdain, Garnier, Peronne, Alavoine, Glaise, etc., ont analysé et déduit la vitalité du moteur sociétaire. »

La Chambre consultative des sociétés de prévoyance, secours mutuels et retraites, du département de la Seine, récemment fondée, a pour but la meilleure répartition des ressources acquises et la vulgarisation des mesures et améliorations nécessaires. Enfin, les débats parlementaires sur les questions de prévoyance ont mis les questions d'assurance populaire à l'ordre du jour.

La voie est donc toute tracée ; il faut que l'idée coopérative et l'idée mutualiste inspirent de jour en jour un nombre plus grand d'hommes de bonne volonté. Il y a là un puissant moyen d'éducation.

Mais à côté de l'action doit se placer l'enseignement proprement dit.

Les cours destinés communément aux adolescents et aux adultes peuvent contribuer à rendre les travailleurs plus intelligents, plus adroits, plus instruits ; seulement il convient de ne pas se restreindre aux sciences positives et à leurs applications. En effet, l'étude des lois naturelles, physiques et chimiques ne peut pas former la base de l'éducation du citoyen, pas plus qu'elle ne peut élever la jeunesse ouvrière à ce niveau supérieur qui est indispensable pour établir l'accord entre le capital et le travail.

Si l'on veut, à côté de l'instruction, s'occuper de l'éducation populaire, il faut étendre le cercle des matières traitées, et instituer d'une façon sérieuse un enseignement relatif non plus aux études professionnelles proprement dites, mais à la vie laborieuse elle-même et aux intérêts qui en dérivent.

Ce n'est qu'avec la diffusion de l'instruction primaire que les cours d'adultes pourront subir la transformation que nous indiquons.

A l'heure actuelle, il faut démontrer la nécessité de l'éducation économique et sociale des classes laborieuses et rechercher les conditions dans lesquelles on peut lui donner dès maintenant une organisation subordonnée aux éléments que nous avons sous la main, mais qui pourra plus tard s'adapter à d'autres milieux, par exemple aux écoles professionnelles quand elles seront nombreuses.

Cette éducation n'est pas encore très bien définie, mais il importe d'essayer d'en rendre claire la notion en s'inspirant des besoins et des aspirations des classes laborieuses.

On trouve dans le rapport de M. Spuller, sur l'enquête parlementaire relative à la situation des ouvriers, cette pensée : « Les idées de la majeure partie de ceux qui ont été entendre le programme de l'école socialiste confusément exposé et les méthodes expérimentales, il semble que la pensée ouvrière contemporaine soit, à l'heure actuelle, en pleine évolution. »

Telle était aussi la conclusion d'un travail de M. Achille Mercier, relatif aux dépositions des ouvriers dans l'enquête parlementaire sur la situation économique. « Quand on examine, dit-il, la situation de la classe ouvrière telle qu'elle vient de se révéler au cours des travaux de la commission d'enquête, on remarque une absence d'organisation, d'idées générales, une sorte d'incohérence, surtout lorsqu'on prend pour point de comparaison l'ordre qui règne au milieu du prolétariat anglais. On a tout ébauché : unions syndicales, caisses de retraites, caisses de secours, écoles professionnelles; rien n'est complet, rien n'est fini. On est encore dans le régime de transition entre la compression d'autrefois et la libre expansion. Il en est résulté des fautes qui ont contribué, pour une partie, au malaise industriel que nous subissons.

« Mais combien les dépositions à l'enquête font espérer un meilleur avenir ! Le premier remède que l'ouvrier signale, c'est l'instruction professionnelle. Constatons encore une préoccupation constante des résultats de la concurrence étrangère qui diminue la somme de travail.

« Quels reproches peut-on faire au prolétariat français ? Il n'a pas compris, comme l'ouvrier anglais, que la grève ne doit pas surélever au-delà d'un certain taux les frais de productions, car on arrive ainsi à ruiner l'industrie nourricière, à tuer la poule aux œufs d'or. Le prolétaire français aime trop en appeler à l'Etat ; c'est le défaut de notre nation trop centralisée. Le collectivisme le guette et volontiers jette le désordre dans les relations entre le capital et le travail. En dernier lieu, la disposition de ces ateliers d'artisans, d'où sortaient tant de petits chefs-d'œuvre, a brisé la vie de famille et modifié les existences. » (1)

Il est facile d'apercevoir que l'éducation économique et sociale est un des remèdes à ces maux momentanés ; c'est elle qui permettra de diriger dans la voie du pro grès l'évolution de la pensée ouvrière.

Dans une démocratie, ce n'est qu'en faisant connaître les lois fondamentales de la société qu'on peut les faire respecter. De ce que beaucoup de gens qui en auraient cependant les moyens, négligent de cultiver leur esprit, on aurait tort de prétendre que les travailleurs n'ont que faire des sciences morales et politiques. Dans l'ouvrier, il y a le travailleur et le citoyen. Il lui importe de

---

(1) *Revue politique et littéraire*, 6 septembre 1884.

connaître les grandes lois économiques, mais de plus, comme tout citoyen français participe effectivement à l'exercice du pouvoir politique, il devrait connaître l'histoire de son pays, savoir sous quelles institutions il vit, par quels codes il est régi, en un mot avoir des notions de science sociale et économique.

A une époque où l'on a pu faire concevoir de grandes espérances aux ouvriers (1), leurs exigences sont devenues plus grandes. Il est donc urgent de montrer ce que les classes laborieuses peuvent attendre raisonnablement de l'Etat et ce qu'elles ne doivent demander qu'à elles-mêmes.

Au fond, la majorité des ouvriers repoussent instinctivement les théories révolutionnaires, possèdent des idées d'ordre et de travail et ont à cœur de faire eux-mêmes leur position. Ne serait-ce que pour fortifier ces bonnes dispositions, l'enseignement populaire de la science économique et sociale serait utile ; mais sa nécessité apparaît en présence des erreurs et des préjugés qu'il faut détruire, aussi bien dans l'esprit des ouvriers que dans celui des patrons. Beaucoup d'artisans semblent croire qu'il y a dans le fait de recevoir un salaire quelque chose d'humiliant. Cela les conduit à diviser la société en patrons et en salariés, c'est-à-dire en riches et en pauvres. D'autres sont portés à se considérer comme spoliés par le capital. L'éducation, en faisant appel au bon sens, à l'histoire et au droit, peut combattre ces préju-

---

(1) N'a-t-on pas été jusqu'à vouloir constituer une caste à part, un quatrième-Etat ayant ses intérêts propres, hostiles à ceux des autres?

gés et faire comprendre et apprécier l'ordre économique et social qui est le ressort de notre vie nationale. La vulgarisation des sciences morales et politiques est très désirable, non pas pour entraver le mouvement démocratique général qui, sans méconnaître les droits du capital pousse la société moderne vers l'amélioration du sort physique, intellectuel et moral de la classe la plus nombreuse et la plus pauvre, mais pour l'éclairer au milieu de la variété des doctrines les plus contraires et les plus dangereuses.

M. Audiganne conseille en ces termes la diffusion des connaissances élémentaires concernant le côté moral des professions industrielles :

« Ce n'est pas s'éloigner des exigences professionnelles que d'envisager l'homme dans ses rapports avec la production et la consommation des richesses. De plus, l'explication des lois positives qui régissent le travail, qui règlent les relations des patrons et des ouvriers, les devoirs et les droits des uns et des autres serait de nature à exercer une influence conciliante. »

Habituer les travailleurs à se rendre compte par eux mêmes de leurs véritables intérêts, en examinant la source des erreurs qui engendrent les malentendus, les déceptions, les souffrances et la haine, ce n'est pas s'exposer à faire des déclassés. L'éducation, en donnant le raisonnement, permet de montrer tout ce qu'ont d'honorable les professions industrielles et commerciales. D'ailleurs, la vraie science apprend à être modeste, à honorer avant tout le mérite, le travail, la vertu ; elle enseigne que la condition de l'ouvrier peut être heureuse et glorieuse pour celui qui se distingue par son talent, sa probité et son patriotisme; enfin, en adoucissant les mœurs, elle console et moralise.

L'enseignement des sciences politiques comprend plusieurs degrés: son domaine est plus ou moins vaste, selon qu'il s'adresse à l'homme d'État, à l'administrateur, au diplomate, au fonctionnaire public ou à la masse des citoyens. On peut enseigner ces sciences de manière à les rendre fort difficiles, mais on peut aussi les dégager de l'appareil qui les rend trop souvent inabordables, afin d'en vulgariser les principes généraux. C'est là un devoir social dans un pays libre et de suffrage universel. Un écrivain de l'antiquité a dit de Socrate qu'il avait fait descendre la philosophie des cieux sur la terre. Il faudrait que l'on pût démocratiser la science sociale qui jusqu'à présent ne s'est guère montrée que dans le cénacle des économistes; qu'elle pût pénétrer dans l'atelier et dans l'usine. Il est temps que les réfutations des doctrines fausses et les solutions proposées pour l'amélioration du sort des travailleurs, ne soient plus principalement connues de ceux qui n'en ont pas besoin.

Il appartient à l'initiative privée de combler la lacune que nous avons signalée. La force et la politique restent impuissantes là où seules, les mœurs peuvent quelque chose.

Dans un pays démocratique, il suffit qu'un grand nombre de citoyens, ayant reçu le bienfait de l'enseignement supérieur, cherchent à faire profiter de leurs connaissances ceux de leurs compatriotes qui de bonne heure ont embrassé une profession manuelle.

La supériorité que donnent le savoir, le talent ou la fortune doit surtout imposer des devoirs. Il faut, à tout prix, que ceux qui ont pu faire des études, consentent à mettre le peu qu'ils savent au service de ceux qui n'ont pas eu le temps de s'instruire et d'apprendre. Que ce mouvement généreux soit inspiré chez les uns par un sentiment de solidarité, chez les autres par une pensée chrétienne, il faut aller de l'avant et organiser un enseignement efficace. Or, par l'enseignement oral, on apprend mieux les éléments des sciences que par la lecture, quoique cette dernière devienne à un moment donné le complément indispensable des cours publics.

En attendant qu'avec le développement de l'instruction primaire, l'enseignement résultant des cours d'adultes tende à s'élargir, il faut tenir compte des efforts du rôle joué par les sociétés d'enseignement populaire. Or, ces dernières ont surtout pour but la diffusion de l'instruction primaire et secondaire. Nous avons vu qu'elles n'avaient point généralisé l'enseignement économique et social. Ce qu'il faut organiser aujourd'hui, c'est *un enseignement supérieur populaire ayant pour objet la vulgarisation des sciences politiques.*

Il y a là une tâche à laquelle une société spéciale peut consacrer ses efforts, à cause de l'importance et de la variété des matières à vulgariser et de l'unité de méthode que suppose leur enseignement.

Pour être efficace, cet enseignement spécial doit être mis absolument en dehors de toute politique, il faut qu'il soit libre et gratuit. L'État, le département, la commune, n'ont à intervenir ici que pour l'observation des formalités et des mesures propres à assurer l'ordre public.

La composition du programme qui renfermera un

certain ordre de notions communes à la généralité des professions manuelles dépend de la forme que l'on donnera à cet enseignement.

Il faut ingérer les principes des sciences sociales et économiques d'une certaine manière et à certaines doses, mais on ne peut nier qu'il soit avantageux de multiplier les matières à traiter, en limitant le nombre des leçons consacrées à chacune d'elles, afin d'introduire un élément de variété.

Il s'agit donc d'organiser un ensemble de conférences régulières et suivies, faites par séries de quatre, de six ou de huit, autant que possible par le même professeur, et affichées à l'avance.

Chacune d'elles, pour chaque matière formant un tout, donnera un résumé substantiel de la science sur un point particulier ; mais en même temps, elle devra se relier à celles qui l'auront précédée et à celles qui la suivront. Un tableau de cours sur des sujets sérieux pourrait paraître effrayant, des séries d'entretiens auraient plus d'attrait ; et si l'on arrivait à les concevoir d'après un plan commun, on échapperait à l'inconvénient que présentent des conférences sur des sujets absolument indépendants, sans rapport mutuel. Avec un enseignement composé d'éléments homogènes concourant vers un but unique et déterminé d'avance, on obtiendra la variété dans l'unité (1).

Nous choisirons deux exemples.

Tout ce qu'il y a d'utile à dire en matière d'économie

---

(1) Nous appellerions volontiers la combinaison que nous proposons : le *système des monographies sériées*.

politique pourrait être groupé autour des huit sujets suivants : *le travail ; — le capital ; — les machines; — la propriété ; — le salaire ; — la répartition des richesses ; — l'échange et le crédit ; — l'impôt.*

Supposons qu'on veuille traiter devant des travailleurs la question des institutions de prévoyance et celle de la coopération, au lieu de se borner à une conférence générale sur ce vaste sujet, si l'on dispose de huit leçons, on pourra ramener une étude sérieuse à huit monographies. Ce seront par exemple : *les salaires en France et à l'étranger ; — la vie en France ; — l'épargne ; — l'assurance ; — les sociétés de secours mutuels ; — l'histoire des associations ouvrières ; — les sociétés coopératives ; — les banques populaires.*

Comme on le voit, chacun de ces titres forme un tout, et les huit sujets constituent un ensemble.

Telle est la méthode qui nous semble convenir à un enseignement populaire, dont la forme pourrait être attrayante et accessible à toutes les intelligences, sans qu'il en devînt moins solide.

Avant de proposer un programme, il nous reste à nous demander où l'on pourra donner cet enseignement populaire des sciences morales et politiques.

Dans l'obligation où l'on est de remettre à plus tard l'organisation de l'enseignement économique dans les écoles professionnelles, il faut d'abord chercher à ouvrir des cours dans les écoles primaires.

On ne peut pas encore songer à s'adresser aux associations ouvrières, aux syndicats professionnels ou aux chefs d'usine qui auraient la faculté de prêter une des salles de leur établissement ; mais on peut demander l'hospitalité aux sociétés de secours mutuels. Ces associations ont l'avantage de réunir les hommes et de leur donner l'occasion de se rencontrer, de se connaître et de s'apprécier par l'échange des idées et quelquefois des services. Aujourd'hui, faute d'autres éléments, c'est donc en prenant pour base d'opération la société de secours mutuels que l'on peut arriver à créer un ensemble d'institutions réagissant les unes sur les autres, à modifier peu à peu les habitudes et à transformer les mœurs. Classées par catégories d'état, les sociétés de secours mutuels pourraient servir de lien entre travailleurs d'une même industrie, désireux de discuter et d'examiner les études professionnelles.

En dehors de leur rôle moralisateur, les sociétés de secours mutuels sont susceptibles de rendre d'immenses services, en ayant à leurs lieux de réunion des cours scientifiques et industriels et en disposant de bonnes bibliothèques, où les ouvriers trouveraient des livres se rapportant au travail local et des écrits élémentaires sur l'industrie, le commerce, les arts, les sciences appliquées. Qu'un esprit de synthèse rattache à une organisation centrale des éléments épars et de divers côtés et nous aurons peut-être un jour dans les sociétés de secours mutuels de véritables cercles d'ouvriers.

DEUXIÈME PARTIE

ORGANISATION D'UN ENSEIGNEMENT SUPÉRIEUR POPULAIRE.

LA SOCIÉTÉ D'ENSEIGNEMENT ÉCONOMIQUE.

CHAPITRE I

LA SOCIÉTÉ D'ENSEIGNEMENT ÉCONOMIQUE SON PROGRAMME

Le programme que nous proposerons est celui qui a été adopté par une société nouvelle qui vient de se former sous le nom de SOCIÉTÉ D'ENSEIGNEMENT ÉCONOMIQUE.

Cette Société, fondée par un groupe de jeunes gens sortis de nos établissements d'enseignement supérieur, s'adresse aux adultes qui ont déjà acquis quelques connaissances, mais surtout aux jeunes apprentis. Son objet unique est de propager parmi eux, d'après le système que nous avons recommandé, les notions du droit, de l'histoire et de l'économie politique. Autorisée par un arrêté préfectoral en date du 8 novembre 1884, cette société a obtenu de la Préfecture de la Seine l'autorisation de faire des cours dans les locaux de trois écoles communales de la ville de Paris, où n'existent pas encore de cours commerciaux (1).

(1) — 1°) 14, rue de Fleurus ; — 2°) 69, rue Bolivar ; — 3°) 5, place de la Nativité.

La Société d'enseignement économique n'a nullement l'intention de rivaliser avec les autres associations d'enseignement; elle n'a qu'un désir, c'est de profiter des résultats obtenus par ses sœurs aînées pour diriger l'éducation populaire dans une voie un peu nouvelle. Alors même qu'on devrait reprocher à ses membres de se faire illusion, et de se borner à prendre une partie des programmes des autres sociétés, qu'ils ne se découragent point : les foyers d'éducation ne seront jamais trop nombreux.

La Société d'enseignement économique laissera de côté l'instruction purement technique, scientifique et littéraire, que l'artisan trouvera ailleurs ; les matières qu'elle veut enseigner sont les suivantes :

I. — Economie politique ;
Institutions de prévoyance et coopération ;
Hygiène industrielle ;
Droit industriel ;
Droit commercial.

II. — Géographie économique ;
Histoire du commerce français ;
Histoire de l'industrie.

III. — Histoire nationale ;
Droit public ;
Droit civil usuel ;

Littérature et esthétique populaire *(Conférences sur la littérature populaire et les beaux-arts dans leurs rapports avec l'industrie).*

La pratique de l'enseignement se résume en deux éléments essentiels : le choix bien entendu des professeurs et la bonne composition des programmes. Pour jeter les bases d'un tout homogène, il faut chercher à apporter un sentiment d'unité, un ordre d'ensemble arrêté en principe.

Il y a un triage à faire entre tout ce que l'on peut enseigner aux adultes. La SOCIÉTÉ D'ENSEIGNEMENT ÉCONOMIQUE s'est efforcée de choisir dans les diverses branches de l'enseignement supérieur les matières qui répondent le mieux aux aspirations et aux besoins des ouvriers.

Une idée domine son programme. Dans l'ouvrier, il y a le travailleur et le citoyen. Depuis que les progrès de l'industrie et du commerce ont mis au premier rang les questions économiques, il faut que l'ouvrier étudie les principes de l'économie politique, la géographie économique et la statistique, le droit industriel et commercial, l'histoire des inventions industrielles, l'histoire du commerce, l'hygiène, les institutions de prévoyance et la coopération en France et à l'étranger. Dans un pays de suffrage universel, l'ouvrier, en sa qualité de citoyen, a besoin de se rendre compte par lui-même des lois et institutions qui le régissent ; il ne doit donc pas ignorer les grands faits de notre histoire, les éléments du droit public et du droit civil usuel ; enfin, il ne sera point privé de la haute culture intellectuelle, si on l'initie à l'étude de la littérature populaire et des beaux-arts dans leurs rapports avec l'industrie.

Dans cet ensemble de matières, il y a des éléments sérieux pour un ENSEIGNEMENT SUPÉRIEUR POPULAIRE.

On y distingue une partie économique et sociale et une partie historique.

Un enseignement de ce genre est destiné évidemment à l'élite des ouvriers ; il n'en est pas moins très délicat, demande beaucoup de tact et suppose la connaissance de la démocratie, dont les deux grandes aspirations, en dehors du besoin d'instruction et d'éducation, sont la lutte contre la misère et la mutualité. En effet, si l'on veut être compris par les ouvriers, il faut tenir compte de leurs idées dominantes, de leurs souffrances, de leurs méfiances et de leurs préjugés.

CHAPITRE II

UTILITÉ DE CHACUNE DES MATIÈRES QUI FIGURENT DANS LE PROGRAMME DE LA SOCIÉTÉ D'ENSEIGNEMENT ÉCONOMIQUE.

Deux conditions sont indispensables pour assurer la réussite d'un enseignement public : 1° l'utilité et l'importance de cet enseignement ; 2° la certitude pour les élèves que l'objet de leurs études leur sera profitable au point de vue général de leur instruction, mais de plus indispensable pour assurer plus tard leur position sociale. Or l'ouvrier, en possession des idées générales qui résultent de l'étude de la science économique et sociale, ne sera-t-il pas mieux armé pour les luttes de la vie, sans compter que le travail n'apparaît avec sa dignité que lorsqu'il est accompli par quelqu'un qui en sent tout le prix et l'honneur. Aider le travailleur à envisager sa profession d'un peu haut et à l'exercer de la façon la plus fructueuse, c'est le disposer à l'aimer. Cette réflexion suffit pour montrer l'utilité générale des cours que la SOCIÉTÉ D'ENSEIGNEMENT ÉCONOMIQUE désire organiser. Voyons maintenant l'utilité spéciale de chacun de ses cours ; nous indiquerons en même temps la méthode d'enseignement qui convient à chacun d'eux.

I. — ÉCONOMIE POLITIQUE.

L'économie politique déterminant les conditions générales du développement et du succès des entreprises, l'agriculteur et le manufacturier sont aussi intéressés à la connaître que l'homme d'État et l'administrateur.

« A tous, dit M. Cauwès, elle fait connaître la nécessité et les effets de la loi du travail ; aux ouvriers, elle apprend à apprécier l'ordre établi dans la société et elle signale une voie d'améliorations lentes mais assurées par la prévoyance et la solidarité ; aux riches, elle rappelle que la fortune ne leur est pas confiée afin de vivre dans l'oisiveté et dans la mollesse, mais qu'elle leur impose des devoirs et les investit d'une grande puissance pour le bien. Au-dessus des applications directes et personnelles, il se détache de l'économie politique une grande leçon de concorde et d'union pour la solution des questions sociales, une forte conviction de la loi de progrès. Ce doit être le meilleur titre de cette science auprès des hommes de bonne volonté ».

L'économie politique court les rues, l'ouvrier en fait à sa manière sans s'en douter. Le capital, le travail, le salaire, la participation aux bénéfices, les associations ouvrières, les théories socialistes, la mutualité, tels sont les points généraux auxquels peuvent se ramener toutes les idées qui, en matière d'économie politique, exercent de l'influence sur l'esprit des ouvriers et agitent parfois les ateliers.

Comment l'économie politique ne passionnerait-elle pas l'esprit de ceux pour qui toutes les questions qu'elle agite sont la vie même! « Croyez-vous, dit M. Wolowski, qu'un artisan ne se dit pas un jour dans sa vie:

l'homme produit tout par le travail, pourquoi tout ce travail n'appartient-il pas à l'ouvrier? Pourquoi la propriété, le capital, le patron prélèvent-ils un gain injuste qui amène la misère? pourquoi, quand six heures de travail suffisent pour procurer à l'ouvrier les moyens d'existence nécessaires, doit-il en travailler dix ou douze, afin que le résultat acquis par ces heures de labeur supplémentaires profite à ceux qui ne travaillent point? Toutes ces questions que peut se poser l'ouvrier ne sont autres que le résumé de la doctrine périlleuse et fausse de M. K. Marx. Les grèves et l'internationale sont les conséquences des utopies dangereuses auxquelles peut conduire l'ignorance des lois économiques. »

La question des salaires est liée à tous les autres problèmes économiques et à la situation budgétaire qui les domine ; et cependant les travailleurs n'ont pour la plupart que des idées confuses ou fausses sur la science du travail.

En rappelant les vrais principes à côté de l'erreur, il faut indiquer ce qu'exige le réel intérêt des populations laborieuses.

Il importe de prouver que l'ouvrier qui demande un salaire en échange de son travail ne peut pas, sans injustice, méconnaître ce qui revient au capitaliste, à l'entrepreneur, au propriétaire. Pour indiquer l'harmonie qui doit exister entre le capital et le travail, il faut faire comprendre que si l'antagonisme social envahissait l'atelier, il en résulterait pour notre industrie un affaiblissement des plus graves. Il est absolument nécessaire de propager des notions exactes sur la propriété, le capital, le travail, sur l'impôt, sur le rôle de l'Etat et celui de l'in dividu. (1) A cet égard, les esprits les plus divisés sur certains points s'accordent à reconnaître l'utilité de l'enseignement populaire de l'économie politique.

---

(1) « Les considérations économiques sont partout, à bien dire. Rossi disait, il y a quarante ans, avec l'autorité de sa situation et de son talent, qu'il « importait à l'avenir du pays de joindre à l'éducation du peuple quelques notions de l'économie nationale »; et il ne pouvait assez s'étonner de l'insouciance avec laquelle « on négligeait dans les temps ordinaires, cette partie essentielle de l'instruction populaire », au risque de ne plus pouvoir, dans les temps troublés, « faire comprendre des enseignements tardifs dont rien n'a préparé l'application, et qui ne paraissent dictés alors que par la crainte et l'égoïsme. » Un ministre de l'instruction publique, M. Duruy, proclamait à son tour, en 1864, en montrant l'Angleterre préservée des troubles intérieurs par cette connaissance, la nécessité de faire comprendre à tous « les ressorts délicats de la vie économique. » Et plus récemment un autre ancien ministre de l'instruction publique, M. Jules Simon, disait, en félicitant la Société d'enseignement professionnel du Rhône d'avoir introduit dans son enseignement un cours d'économie politique : « Savez-vous ce que c'est que cette science, » à la condition qu'elle soit bien enseignée toutefois ? « C'est la science du bon sens. Elle vous montrera d'abord où est votre intérêt, c'est un premier service ; ensuite elle vous apprendra à ne pas le mettre là où il n'est pas, ce qui est un service peut-être aussi grand. » — F. Passy, préface des *Leçons de législation usuelle* de M. Viel-Lamare. Voir aussi une étude de M. F. Passy sur l'*Enseignement élémentaire de l'économie politique*.

« Jamais l'économie politique n'a été plus nécessaire que de nos jours, alors qu'il importe à un si haut degré de prêcher l'union et la concorde ; de faire voir quel est le rôle de l'ouvrier et quel est celui du patron, de montrer en un mot la nécessité de l'accord du capital et du travail. Elle peut contribuer à dissiper les préjugés et faire cesser l'antagonisme fâcheux que l'on vou-

On voit en général dans l'économie politique une

---

drait créer entre les différentes classes de la société. » — J. Lefort, *Intempérance et misère.*

« Les questions sociales sont actuellement à l'ordre du jour, chacun croit pouvoir les traiter d'intuition ou du moins, en général, que la pratique suffit pour les résoudre. Cette façon de voir n'a pas peu contribué au chaos économique dans lequel la société semble songer. C'est seulement par l'étude de cette science « qui a été définie la science du travail » qu'on peut être éclairé sur l'inanité des systèmes avec lesquels on bouleverse le monde industriel. » — G. Salomon, *Du rôle de l'enseignement économique dans les écoles techniques industrielles.*

« C'est de l'ignorance de ces vérités économiques que proviennent la plupart des calamités sociales, les grèves, les lockouts, l'opposition au progrès, l'imprévoyance, la misère, la charité mal entendue, l'insuccès décourageant de tant d'efforts. » — Stanley Jevons, *Économie politique.*

« A l'instruction professionnelle, il importe au plus haut degré que l'on adjoigne la connaissance des principes élémentaires de l'économie industrielle et commerciale. Supposez, en effet, que cette connaissance de l'économie n'existe presque à aucun degré dans une population, qu'arrivera-t-il? C'est une expérience qui n'est plus à faire; tout un peuple ignorant les lois naturelles qui régissent le travail et la richesse, et ne se doutant pas même que de telles lois existent, viendra à mettre son salut dans les révolutions entreprises au nom des idées de rénovation les plus chimériques. Aujourd'hui, il battra des mains à un charlatan ou à un fou qui veut l'enrichir avec une liasse de papiers sur lesquels on aura écrit que c'est de la monnaie; demain, il invoquera force prohibition contre l'étranger au risque de s'affamer lui-même et de tout payer plus cher. Ici, il brûlera en place publique la machine qui allait lui donner un nouveau produit à bon marché, et qui devait forcer l'entrepreneur de l'industrie à employer dix fois plus d'ouvriers qu'auparavant; ailleurs, il courra sus aux accapareurs, c'est-à-dire aux commerçants en grains qui, répandant la denrée sur une surface étendue, nivel-

énonciation de principes fondés sur l'expérience de faits

---

lent partout les prix et empêchent les horreurs de la famine de se produire, non loin d'une récolte surabondante qui aurait ruiné l'agriculteur par l'avilissement des prix. Une autre fois, il demandera des lois de maximum ; ou convaincu de l'hostilité radicale du travail et du capital, il réclamera impérieusement des augmentations ; de là, salaire par l'intervention abusive de la force ou de la loi ; il se fera l'adepte de systèmes et d'organisation du travail dont il serait la première victime ; il exigera des taxes des pauvres qui pèseraient de tout leur poids sur l'ouvrier laborieux ; il mettra, en un mot, tout l'acharnement de l'ignorance présomptueuse, livrée à ses propres illusions et abandonnée comme une proie aux faiseurs d'expériences sociales, à se nuire à lui-même et à battre en brèche l'édifice du bien-être qui commençait péniblement à s'élever. » — Baudrillart, *Rapports de la morale et de l'économie politique.*

« L'économie politique est le meilleur auxiliaire de la morale. » — J. Droz.

« Le droit strict, rigoureusement invoqué de part et d'autre par les intérêts en présence, ne suffirait pas pour les concilier.

« Le remède au mal est surtout dans la science économique éclairée par l'esprit de l'Évangile. Cet esprit, qui apparaît dans le christianisme primitif avec son caractère de grandeur et de simplicité, et pour lequel le mouvement philosophique du XVIIIe siècle a été un allié plutôt qu'un adversaire, constamment perfectionné, épuré, élevé à la notion du droit.

« En parlant à ce point de vue, de l'Évangile, je suis bien loin de vouloir prétendre que le christianisme seul peut engendrer les sentiments généreux. L'antiquité païenne les a connus et pourrait les enseigner comme la loi juive, à plus d'un chrétien moderne qui les a oubliés. Je fais abstraction de tout dogme, j'écarte de mon sujet toute considération théologique. Je parle de cet esprit évangélique qui peut unir dans le même sentiment d'admiration catholiques, protestants, philosophes et libres-penseurs, et qui n'implique ni la croyance aux miracles, ni la foi dans le sens religieux du mot ; je parle de l'esprit de charité,

acquis. Quelquefois cependant, on entend dire, il n'y a pas de science économique. (2)

---

de bonté et de justice, de cet esprit vainqueur qui agit sur toute conscience droite parce qu'il provoque en elle une adhésion nécessaire. » — Charles Robert, *La question sociale.*

« L'on m'assure que l'économie politique est un fléau, moi je dis que c'est le salut de la société. » — Parole du Père Gratry.

« On reconnaîtra dans une dizaine d'années les services que l'économie politique rend en France. Sans doute, elle n'éteindra pas les passions et ne préviendra pas le choc des intérêts et les révoltes de l'ambition ou de l'envie ; aucune science n'a la puissance de faire que les hommes soient des anges, mais elle éclairera la génération qui aura reçu ses leçons sur les conditions nécessaires de la production, sur les lois naturelles de la répartition, sur les véritables intérêts de la société et elle contribuera à la rendre moins facilement accessible aux séductions de prétendus réformateurs de l'ordre social, plus ferme sur des principes dont elle aura l'intelligence et plus éclairée sur la direction à donner à ses intérêts. » — Levasseur. *Histoire de l'enseignement de l'économie politique.*

(2) L'économie sociale est une science qui ne convient guère qu'à des hommes arrivés au plein développement social et économique. Les populations restées à l'état primitif ne peuvent pas connaître l'économie politique. Avant de savoir comment on peut vivre, on songe à vivre. Mais il y a une évolution pour les nations comme pour les hommes : leur naissance, leur grandeur et leur décadence en sont les phases. A côté de principes absolus tels que la nécessité de la famille et de la propriété, il y a des règles qui ne peuvent trouver place que dans un état social déterminé. Les sociétés où existe la propriété individuelle ne peuvent pas présenter les mêmes caractères économiques que celles où est constituée la propriété collective. Il est non moins évident que les peuples pasteurs n'ont pas la même vie que les peuples agriculteurs et industriels. Le travail produira des effets tout différents selon que la famille sera organisée sous le type patriarcal ou de

Tandis que l'école spéculative n'admet que des préceptes métaphysiques et absolus, l'école sceptique partant de ce principe que les règles économiques n'ont pas une même valeur, et que l'opportunité de certaines lois

---

la communauté : dans les deux cas, les rapports entre le capital et le travail auront une physionomie distincte.

Mais la méthode historique ou d'observation peut donner une idée de la marche des sociétés et des progrès de la science, puisque les faits économiques apportent la confirmation d'un principe ou la condamnation d'une erreur et que chaque siècle fournit son contingent à l'élaboration des principes. Par exemple, il y a trois facteurs de la production. Les physiocrates mettent en lumière l'importance de la terre ; Turgot montre le rôle du capital Adam Smith celui du travail, puis J. B. Say résumant les travaux de ses devanciers expose la vérité économique des trois facteurs de la production : terre, capital, travail. Telle est la Genèse de la science.

Comme l'a fort bien montré M. Cauwès, les généralisations économiques, qui varient avec les temps et les lieux, n'ont pas une valeur universelle et absolue ; mais dès qu'il y a une certaine multiplicité de préceptes, une coordination de principes, il y a science. Oui, chaque peuple a son économie politique positive, mais on peut arriver à une généralisation plus vaste. L'idée de progrès peut servir de criterium pour reconnaître la supériorité de telle ou telle institution économique. La propriété collective a des effets moins bons que la propriété individuelle, de même la liberté du travail est préférable à l'esclavage. Cette observation du développement historique des nations est un premier degré de généralisation. Il y en a un second qui consiste a examiner quelles institutions ont un caractère de nécessité, en parcourant le régime des peuples qui sont restés isolés les uns des autres. Enfin le troisième degré de généralisation résulte de l'examen des intérêts particuliers qui arrivent à se fusionner, et dont la réglementation forme l'économie internationale.

Les rapports qui existent entre l'économie politique et le droit

est subordonnée à l'examen des conditions actuelles de la Société, conclut qu'il n'y a pas de science là où il n'y a pas universalité de préceptes. — Ces deux doctrines nous paraissent aussi loin l'une que l'autre de la vérité.

---

permettent encore de constater qu'il y a une science économique.

Le principe de la propriété est durable, mais les formes qu'il revêt sont multiples et leur modification dépend d'un état de civilisation donné. En législation, il sera facile de voir quelle est la source de la légitimité, de la propriété et la cause de la supériorité de la propriété individuelle, mais à chaque phase du développement des sociétés a correspondu une législation spéciale. Le fondement de la propriété n'est pas, comme on l'a cru longtemps, un droit collectif sur tous les biens terrestres ; ce n'est pas non plus la loi, c'est-à-dire le consentement général, attendu que la communauté universelle existait à l'origine de l'humanité. Pourtant, la nécessité de la propriété est tellement évidente que, malgré les justifications erronées qu'on en donnait, elle subsistait toujours. L'explication de la permanence de ce principe, où la trouver sinon dans le véritable caractère de la propriété qui a souvent échappé aux jurisconsultes eux-mêmes, dans son origine qui révèle à la fois sa légitimité et sa nécessité et la supériorité de la propriété individuelle.

La propriété individuelle ayant réalisé un progrès toutes les fois qu'elle a été substituée à la propriété collective, on peut en conclure qu'elle a son principe dans la nature de l'homme et qu'elle n'est pas une création arbitraire du législateur. Avant d'être détenue de seconde main par les effets des contrats, des donations et de l'hérédité, l'homme assiégé de besoins a dû, pour les satisfaire, lutter contre les forces de la nature, et chaque phase de la lutte a été un acte de volonté libre qui est la manifestation de sa personnalité. C'est par sa volonté qu'il agit sur ce qui l'entoure et c'est au nom de la liberté qu'il peut réclamer comme sien l'objet qui conserve la trace de son activité propre. Les autres fondements sur lesquels on a voulu asseoir les droits de propriété ne sont que dérivés et secondaires ; l'occupation et

L'erreur vient peut-être des deux côtés et de ce qu'on n'a pas distingué deux choses différentes : la science économique et l'économie politique.

Comme on l'a fort bien dit : « La science économique, abstraite, immuable et universelle embrasse d'une façon générale l'économie des sociétés ; elle étudie à un point de vue purement rationnel les lois qui président aux rapports des hommes dans le domaine infini du travail et de l'échange. Quant à l'économie politique, c'est l'étude des lois qui doivent présider à un moment et dans des circonstances données à la production, à la répartition et à la consommation des richesses ; elle est l'adaptation temporaire et incessamment modifiable des principes de la science économique aux intérêts particuliers de la nation. »

Dans l'économie sociale, on trouve un élément progressif et un élément immuable, une science pure. On ne conçoit pas, par exemple, une société sans la division du travail, sous quelques formes que la coopération se manifeste : corporations, castes, régime industriel. Les économistes ont mis en lumière certains principes qui

---

la spécification supposent toutes les deux l'acte générateur du droit auquel il faut toujours remonter pour en retrouver le principe rationnel. Cela est si vrai que, pour abolir la propriété, les communistes détruisent le stimulant du travail en supprimant la famille et en décrétant la promiscuité de la femme et la banalité de l'enfant. Quant aux collectivistes, ils prétendent avoir trouvé le moyen de ne pas anéantir la nature humaine et ce moyen est le fonctionnarisme universel. Mais cela ne revient-il pas au même : le résultat dans les deux théories est la méconnaissance de la responsabilité de l'homme. *Note de l'auteur.*

sont acceptés aujourd'hui par tout le monde et qui forment le fond de l'économie politique classique.

Se refusera-t-on à reconnaître des lois de la production dans les propositions suivantes ?

« L'homme fait la richesse par son travail et ce travail a une efficacité d'autant plus grande pour la production de la richesse qu'il est plus guidé par l'intelligence, soutenue par l'énergie et la moralité. »

« L'homme fait la richesse à l'aide de la science et de l'art. Or, plus la science est grande, plus les applications sont variées et plus ses applications sont productives de richesses. »

« L'homme forme la richesse avec le capital ; plus il y a de capital et plus se forment vite les entreprises; et plus elles sont lucratives, plus l'homme exerce son action sur la nature. »

« Le capital féconde l'intelligence parce qu'il permet de mettre en pratique les conceptions de la science. »

« Plus il y a de science et de capitaux et plus la science et le capital se développent. »

« Plus les matériaux de la nature et les forces de la nature abondent dans un endroit, plus le travail est productif. »

« Partout l'homme a dû lier son activité aux conditions de la nature. »

« La puissance productive des Etats dépend plus de la race et de l'activité des peuples que du sol qu'ils cultivent » (1).

---

(1) Nous empruntons l'énumération de ces différentes lois économiques au Cours de M. Levasseur, professé en 1883 au collège de France, sur l'*Histoire du progrès économique aux Etats-Unis et au Canada*.

Mais, dira-t-on, ces quelques faits que l'on peut ériger en lois économiques sont bien peu nombreux et leur évidence ne mérite pas qu'on s'y arrête. Ce sont des sortes de truismes, que tout le monde saisit et qui n'apprennent rien à personne : il n'y a donc pas de science économique.

Avec ce raisonnement, si l'on voulait rayer de la classification des sciences toutes celles qui ne font qu'énoncer des axiômes et relater des faits, je ne sais pas trop laquelle pourrait garder le nom de science. L'économie sociale n'est pas un produit spontané de l'intelligence; elle s'appuie sur le bon sens, c'est vrai, mais pour la savoir, il faut l'avoir apprise.

Il est utile d'enseigner les quelques principes qui forment son domaine, par cette raison bien simple que des publicistes de talent ne les ont pas connus, et que des générations entières ont souffert pour les avoir ignorés La méconnaissance des avantages de la liberté dans l'ordre économique n'a-t-elle pas amené des désastres? Avant 1789 en France, les administrateurs et le gouvernement lui-même, en réglementant la circulation ou le prix des grains, en approvisionnant les marchés et interdisant les spéculations n'arrivaient qu'à multiplier les famines. De même, la réglementation légale du travail et de la fabrication dans les corporations était une erreur économique, qui a été funeste à notre industrie.

Les phénomènes économiques ne sont pas exclusivement l'effet de tendances instinctives et spontanées ; ils sont pour le moins autant la conséquence du régime légal des sociétés. Suivant l'expression de M. Baudrillart, le droit est dans les entrailles de l'économie politique. Eh bien ! dans les législations, n'y a-t-il pas aussi un élément progressif et un élément immuable ; à côté du droit positif, n'y a-t-il pas la législation pure ?

Ce n'est qu'après un long développement historique que l'on peut arriver à cette idée qu'au point de vue social, la loi de justice est aussi une loi d'utilité et que la loi d'utilité doit être également une loi de justice.

On le voit, l'économie politique au lieu de s'appuyer sur je ne sais quelle métaphysique ennuyeuse doit se placer sur son véritable domaine, qui n'est autre chose que l'expérience progressive de tous les peuples civilisés, laquelle est en harmonie avec la raison et la justice.

Les tendances générales des ouvriers en France à revendiquer certaines réformes législatives suffiraient à montrer l'utilité qu'il y a pour eux d'étudier l'économie politique. Sans parler des orateurs révolutionnaires, que d'ouvriers se tournent vers l'État et lui demandent non pas seulement la protection, ce qu'ils sont en droit d'exiger, mais encore le bonheur! Assurément, ils ne se rendent pas compte de la mission de l'État.

La question de la mission de l'État est capitale ; de la manière dont on l'envisage découlent la plupart des solutions adoptées sur les problèmes que soulève chacune des branches de la science économique ; aussi peut-elle servir à déterminer les divisions d'un cours d'économie politique. Quand on a étudié *ce qu'est la société, le milieu où elle doit se développer, les résultats de l'activité*, l'économie politique peut comprendre deux parties :

1° *Économie industrielle et sociale, ou économie*

des richesses (consommation, production, circulation, répartition.)

2° *Économie publique, ou action de l'État étudiée dans ses différentes manifestations et particulièrement dans les travaux publics et les finances.*

La réfutation du communisme résulte de l'examen approfondi du rôle de l'Etat.

L'État a le devoir de faire et l'obligation de ne faire que ce que l'initiative privée est impuissante à réaliser. La justice exige que l'État ne prenne pas aux uns pour donner aux autres. L'État ne peut pas tout faire, parce que, s'il le voulait, les budgets ne seraient bientôt plus alimentés, la richesse nationale disparaissant le jour où la société n'a plus intérêt à travailler ou à faire effort.

Il s'agit donc de faire comprendre à l'ouvrier qu'en dehors des choses qu'il ne peut pas demander à l'État, il ne peut compter que sur lui-même et sur l'initiative privée.

Si les travailleurs se donnent la peine d'étudier les faits économiques, un des obstacles au succès de la coopération disparaîtra, je veux parler du dédain pour la capacité administrative. « En ne comprenant pas, a dit M. Yves Guyot, la nécessité de rémunérer à sa valeur la capacité administrative, en écartant de la direction de leurs affaires des hommes sérieux, les coopérateurs français ont montré une profonde ignorance des lois économiques. »

Il nous est maintenant facile de préciser la manière dont doit être conçu l'enseignement populaire de l'économie politique.

En ce qui touche les rapports du capital et du travail

il faut faire comprendre à l'ouvrier ses véritables intérêts au moyen de la libre discussion des phénomènes économiques dont il ne se rend pas compte, en général, et lui montrer le lien qui existe entre l'économie politique et le droit.

Pour éviter de tomber dans l'erreur de ceux des économistes qui ne cherchent dans l'histoire qu'une justification de leurs systèmes, on doit rechercher dans l'étude des faits par la méthode historique, les éléments de la critique des doctrines économiques; afin de dégager, dans l'analyse de la production, de la répartition, de la circulation et de la consommations des richesses, les règles n'ayant qu'une valeur relative, et les principes qui, ayant un caractère absolu et permanent, peuvent être considérés comme les véritables lois économiques.

Il importe de faire apprécier les conditions de la vie économique moderne, en insistant sur le caractère et la raison d'être de la réforme économique et sociale de 1789, qui se résume dans la proclamation des trois principes suivants : propriété individuelle, liberté du travail, et liberté du commerce.

Enfin, il faut montrer que les aspirations des ouvriers pour échapper aux conséquences de la loi de l'offre et de la demande sont en principe légitimes, mais qu'avant d'être réalisées d'une façon un peu générale sous la forme d'institutions sérieuses et durables, elles demandent de la prudence, de la capacité et du temps; et pour cela il faut déterminer la mission de l'État moderne afin de combattre le socialisme d'État, en prouvant, au moyen des résultats de la science financière, que certaines choses ne peuvent relever que de l'initiative privée.

Sans la méthode historique ou expérimentale, on ne parviendrait pas à vaincre la défiance qu'inspireraient aux artisans des théories abstraites, ayant l'air d'être inventées pour défendre les bourgeois contre les revendications des prolétaires. De plus, laisser de côté l'étude des moyens que les travailleurs ont pour améliorer leur sort, ce serait se condamner à donner un enseignement stérile, puisqu'il n'aurait pas un but pratique immédiat.

Il faut surtout tenir compte des idées et des sentiments des travailleurs si l'on ne veut pas voir l'œuvre de la vulgarisation de l'économie politique aboutir à un insuccès.

En confessant que dans le présent ordre économique le salaire sera toujours le régime du droit commun, l'école métaphysique a fourni des armes au socialisme. Elle s'est tue devant cette opposition du progrès économique et de l'état de souffrance du plus grand nombre des hommes, et n'a pas assez considéré que les besoins nouveaux engendrés par la civilisation devancent les moyens de les satisfaire ; or telle est une des causes principales de ce qu'a de rigoureux la loi des salaires.

A ce mal déclaré sans remède, on a cherché des palliatifs : l'assistance et le patronage; mais les institutions charitables, qui peuvent améliorer la situation de quelques ouvriers, ne peuvent s'étendre à tous, d'autant plus que l'aumône humilie le travail. Aussi des dialecticiens subtils et audacieux ont pris pour point de départ les théories des économistes sur la population, la rente et le salaire nécessaire, afin d'arriver à trouver des arguments en faveur de la suppression du salariat.

Il ne suffit pas de réfuter par l'étude des rapports naturels et juridiques du capital et du travail, les théories que les communistes ou socialistes ont construites sur la formule donnée à la loi des salaires par les économistes ; il faut examiner la valeur scientifique de la loi de l'offre et de la demande et se demander si cette prétendue *loi d'airain* est fatale, autrement dit, si pour l'ouvrier l'épargne est possible.

Le vice de la loi actuelle des salaires consiste en ce que les éléments du travail sont dispersés, tandis que les éléments du capital sont concentrés ; par suite, le second fait la loi au premier. Or la force libératrice, c'est le capital sous ces différentes formes : prévoyance, assurance, mutualité, coopération, en un mot l'épargne et l'association.

Certes, le salaire sera longtemps le droit commun ; il n'y a peut-être pas lieu de s'en attrister, parce qu'il offre à l'ouvrier de grands avantages; la régularité dans la rémunération et l'absence des risques industriels. Aussi, faut-il proclamer que patrons et ouvriers sont faits pour s'entendre. Au point de vue économique national, si les ouvriers sont des facteurs nécessaires de la production, les patrons sont les facteurs souvent essentiels de l'écoulement des produits.

Aucun des deux rôles n'est inférieur à l'autre ; patrons et ouvriers possèdent donc le droit égal à l'attention et à la protection du gouvernement. Ils sont autorisés à en appeler à son équité pour la défense ou pour le respect de leur liberté réciproque.

La liberté du travail implique que l'État ne peut pas intervenir dans les questions de salaire ou de participation aux bénéfices, sans empiéter sur les attributions de la liberté individuelle. Mais le parlement peut exercer une influence efficace sur le sort des travailleurs par ces quatre voies : mode de répartition de l'impôt, tarifs de douanes, travaux publics, taux des transports. De plus, il doit protéger les plus faibles.

Le contrat de travail n'a pas été chez nous réglementé législativement; d'autre part, le vice de notre législation depuis 1789 consiste à ne pas avoir égalisé pour les travailleurs les moyens de faire valoir la liberté qu'on leur donnait. Il y a là une des causes de la lutte entre le capital et le travail et des revendications du *Quatrième-État*.

Mais il faut aussi tenir largement compte des crises politiques qui se sont succédé en France depuis la Révolution et qui ont nui au développement des intérêts matériels et du bien-être populaire, si l'on veut s'expliquer pourquoi le législateur est resté de si longues années avant de doter les classes laborieuses d'un ensemble d'institutions conçues dans le but de régler leurs rapports essentiels, d'assurer leurs droits et de sauvegarder leurs intérêts.

Estimant que le législateur mettait ou conservait des obstacles artificiels à l'amélioration de leur sort, les ouvriers ont demandé l'abrogation de la législation sur les réunions et l'association, et de la loi du 24 juillet 1867 sur les sociétés à capital variable, réclamant que le travail pût jouir comme le capital du privilége de s'associer.

La loi de 1884 sur les syndicats leur a enfin accordé les armes légales qu'ils sollicitaient, en permettant l'union collective des travailleurs pour la défense de leurs intérêts professionnels. D'un autre côté, dans le but de supprimer les causes d'inégalité résultant de la pratique administrative, on a pensé qu'il y a des mesures équitables à prendre pour faciliter le concours des associations ouvrières aux adjudications publiques.

Mais, les devoirs du parlement n'impliquent nullement l'intervention du pouvoir exécutif dans les relations entre patrons et ouvriers, ni l'octroi de subventions budgétaires aux associations ouvrières.

Telles sont les idées qui semblent devoir être mises en lumière ; on ne peut, selon nous, devant des ouvriers, traiter les questions économiques et sociales, que si l'on se place à ce point de vue.

II. — INSTITUTIONS DE PRÉVOYANCE ET COOPÉRATION.

Les institutions de prévoyance et la coopération ont leur place marquée dans tout enseignement de l'économie politique. Mais à raison de leur importance capitale, ces deux matières méritent de faire l'objet d'un enseignement spécial et complet au point de vue administratif et économique.

Certes, il n'y a pas de panacée à appliquer aux maladies sociales ; mais tenir compte des souffrances de l'ouvrier et demander à l'expérience les moyens de les adoucir et de les guérir, sans opprimer personne, n'est-ce point travailler à désarmer les haines au lieu de les aigrir ?

Il existe depuis longtemps des revues et des journaux d'économie politique, où des savants de premier ordre traitent avec le plus grand soin les questions ouvrières. De plus, en dehors des diverses sociétés d'économie politique et d'économie populaire, il s'est formé des associations d'études pratiques sur la participation aux bénéfices et les institutions de prévoyance. Elles publient des comptes-rendus de leurs séances. Les questions relatives à l'amélioration des populations ouvrières ont fait l'objet d'enquêtes officielles, de congrès dont nous avons les procès-verbaux et d'ouvrages spéciaux. Il faut remuer tous ces documents pour mettre l'ouvrier au courant de ces études. N'y a-t-il pas là une œuvre éminemment utile, qui pourra faciliter le rapprochement des classes ?

Il y a dans le mouvement des idées de mutualité et d'association une puissance ignorée à utiliser au profit du bien commun, mais il devient nécessaire de mettre en lumière les avantages de cette force nouvelle.

Il y a aujourd'hui une science de l'épargne. Aussi n'est-ce point assez pour un travailleur d'être versé dans la pratique de sa profession, il faut encore qu'il sache tirer de son adresse et de ses connaissances les moyens d'assurer à sa famille un bien-être durable. L'ignorance est une des entraves qui s'opposent au progrès des institutions de prévoyance ; en maintenant la domination de la matière sur l'esprit, elle peut engendrer le vice et la débauche.

Pour combattre la misère et établir la mutualité parmi les travailleurs, il importe donc d'étudier devant eux les causes du paupérisme, ainsi que les questions d'assistance et de prévoyance.

Il faut examiner ce qu'a été autrefois et ce qu'est aujourd'hui en France et à l'étranger la condition de l'ouvrier au point de vue du salaire, du coût de la vie, de l'impôt, de l'octroi et du logement. On peut seulement ensuite se demander, en tenant compte des situations exceptionnelles, si les bons ouvriers peuvent, en général, faire des économies et montrer alors l'importance de l'épargne, si faible qu'elle soit, et la nécessité de l'assurance.

Une question essentielle est celle de savoir si la prévoyance doit être organisée par l'État et si l'État doit se faire assureur ? — Deux tendances contradictoires se font jour quand on aborde l'examen de ce problème ; les uns attendent tout de la puissante intervention de la collectivité de l'État ; les autres lui demandent seulement la liberté, laissant à l'activité, à l'énergie de chaque citoyen le soin de préparer l'avenir.

En fait, si l'on préfère les caisses de prévoyance dues à l'initiative privée, lesquelles sont prospères, aux caisses fondées par l'État, que presque personne ne connait et dont personne ne se sert ; c'est que l'ouvrier tient essentiellement à rester en dehors de tout ce qui parait avoir le caractère d'une attache officielle. Il faut encourager cette préférence marquée du travailleur pour l'organisation par l'initiative privée de tout ce qui tend à assurer ou augmenter son bien-être.

Il est donc indispensable d'insister sur la coopération et le crédit populaire ; d'indiquer les formes qu'ils ont revêtues dans le passé ou revêtent dans le présent chez nous et à l'étranger, ainsi que les moyens de les réaliser d'une façon rationnelle et durable. Enfin, il est utile d'essayer de faire comprendre le mécanisme des sociétés en participation.

De telles études laisseront-elles l'élite des ouvriers indifférente ?

Et pour mieux se mettre à la portée de ceux qui auront été attirés par des sujets qui les touchent de si près, en même temps que pour prendre des exemples dans la réalité, on montrera les bienfaits du travail et la puissance de l'épargne, en parlant des hommes qui ont obtenu le succès par la persévérance. Le récit de la vie de Franklin ne peut-elle pas inspirer de généreuses résolutions,en servant de commentaire aux règles de conduite qu'il recommande à tous? La nouvelle économie du travail accepte les conseils de Franklin mais elle proclame un nouveau principe : l'association. De notre temps, l'action isolée de l'individu ne suffit plus : les hommes, tout en respectant la liberté et le droit d'autrui, doivent s'entendre et s'unir pour s'occuper de leur état et augmenter leur force ; ils veulent aussi trouver dans la mutualité le moyen de combattre la misère et l'ignorance. La biographie de Schulze-Delitzsch permettrait de mettre en lumière la nécessité et la fécondité de la coopération, en offrant à la fois la théorie et l'application du principe.

III. — HYGIÈNE INDUSTRIELLE.

Développer et protéger la santé d'un peuple, c'est développer et protéger son intelligence et sa moralité. Peut-il y avoir quelque chose de plus utile pour l'ouvrier que d'entendre et de suivre les conseils de l'hygiène ? Celui qui ne peut vivre sans travailler de ses bras et qui ne peut travailler sans force corporelle doit savoir comment la santé se conserve et se rétablit. L'hygiène industrielle qui s'adresse plus particulièrement aux artisans, comme à ceux qui ont pour mission de protéger le travail dans nos grandes usines et manufactures, a pour but d'assurer aux travailleurs des conditions normales d'existence. Elle comprend la salubrité de l'atelier ou de l'usine, la sécurité des mécanismes, les prescriptions relatives à l'âge, au sexe et à la durée du travail, les moyens de protection du voisinage des établissements industriels, enfin les prescriptions relatives à la salubrité des habitations, et aussi la construction des logements à bon marché ; car il ne servirait de rien d'assurer la salubrité des locaux affectés au travail si l'ouvrier devait, en quittant l'atelier, trouver un taudis.

On comprend l'importance de l'hygiène industrielle pour les ouvriers. Par cela seul qu'elle décrit des influences nuisibles qui parfois naissent du travail et du milieu professionel, et indique les moyens d'en prévenir ou d'en atténuer les résultats morbides, c'est une science essentiellement utile et pratique, qu'il importe de vulgariser.

IV. — DROIT INDUSTRIEL.

Les ouvriers, comme les industriels et les commerçants ont comme tels des droits et des devoirs légaux : ils sont soumis à des lois qui leur assurent des garanties ou leur imposent des obligations.

Se soumettre aux lois de son état, les respecter et s'en servir, tel est le devoir et l'intérêt de chaque homme.

Que d'ouvriers ignorent souvent leurs droits et leurs devoirs spéciaux ! Et pourtant, n'ont-ils pas intérêt à savoir comment se conduire dans chacun des actes de leur carrière laborieuse, à connaître les limites de leurs devoirs et de leurs droits, avec les garanties que la loi leur offre. Voilà ce qu'il faut essayer de leur apprendre.

L'étude du droit industriel, c'est-à-dire du droit relatif au travail manuel, permettra de montrer que les lois et règlements qui concernent les ouvriers ont été dictés par la préoccupation d'améliorer leur bien-être matériel et les conditions morales de leur existence. Sans nier que des réformes et perfectionnements pourront être introduits peu à peu dans notre législation industrielle, il faut s'attacher à expliquer à l'ouvrier ses droits et ses devoirs professionnels dans ses rapports avec le maître d'apprentissage et le patron, les règles de la justice industrielle devant les prud'hommes et le juge de paix. On peut y ajouter l'histoire des lois sur les coalitions et l'étude de la condition légale des syndicats professionnels, ainsi que les textes relatifs aux brevets d'invention, aux marques de fabrique et aux contrefaçons.

La connaissance du droit industriel, qui fonde et constitue en réalité l'industrie, et dont la liberté est la base, peut prévenir les discussions, les différends, les grèves, les conflits si préjudiciables aux plaideurs, à l'industrie et à la société. Puisse-t-elle inspirer à plusieurs le désir de faire partie un jour du conseil des prud'hommes !

V. — DROIT COMMERCIAL.

Le droit commercial au premier abord paraît étranger aux ouvriers. L'achat des matières premières et la vente des produits confectionnés ne semblent regarder que l'industriel et le commerçant. En réfléchissant, on s'apperçoit qu'il n'y a là qu'une apparence. En effet, l'échec d'un grand nombre de sociétés coopératives tient surtout à ce que l'esprit commercial, la science commerciale a manqué aux ouvriers qui les composaient. La direction a fait défaut au travail et au capital qui ne sauraient se passer d'elle. Il faut une instruction spéciale pour être commerçant, or dans la plupart des associations coopératives le commerçant a manqué : on n'a su ni acheter ni vendre (1).

Comme l'industrie suppose le commerce, l'instruction industrielle implique l'instruction commerciale.

M. Audiganne l'a fort bien dit : « Lorsque l'instruction industrielle et l'instruction commerciale se prêteront un mutuel appui, on ne sera plus exposé à voir dépérir l'esprit d'entreprise en fait de commerce, au moment même où la production prend le plus grand essor ». Pour répandre les notions du droit commercial, il importe de traiter particulièrement les points suivants : *actes de commerce et commerçants ; — intermédiaires du commerce ; — contrats commerciaux ; — effets de commerce ; — commerce maritime ; — faillite.*

Pour comprendre les ressorts délicats de la vie économique, il faut faire appel aux sciences auxiliaires de l'économie politique. Le droit commercial en est une, aussi bien que la géographie économique et la statistique, l'histoire du commerce et de l'industrie.

Pour attirer des jeunes gens que l'idéalisme éloigne, pour piquer leur curiosité, la SOCIÉTÉ D'ENSEIGNEMENT

(1) Voir Audiganne, *Mémoires d'un ouvrier de Paris*, page 275.

ÉCONOMIQUE cherche une combinaison utile des éléments de l'instruction commerciale et industrielle. Cette partie de son programme convient aux ouvriers et aux personnes liées à la fois à l'industrie et au commerce, mais qui n'ont pas rigoureusement besoin de l'apprentissage.

VI. — GÉOGRAPHIE ÉCONOMIQUE.

La géographie économique est indispensable pour faire saisir à de jeunes intelligences les causes des crises économiques, et révéler l'activité que les Français doivent déployer pour ne pas succomber sous les coups de la concurrence étrangère.

L'étude de la géographie économique proprement dite, de la statistique et de la législation douanière, doit être précédée d'un résumé substantiel de la géographie agricole, industrielle et commerciale de la France. Quant à la géographie économique, elle se réduit à trois grandes question : Quelle est la matière des échanges ? — Quels sont les voies et les lieux d'échange ? — Quelles sont, d'après le caractère national, les usages et les institutions, les conditions du trafic ?

L'utilité de ces connaissances est évidente. Avant d'essayer de faire comprendre la situation économique de notre pays, il importe d'indiquer les productions des divers climats et la provenance des principales matières premières, et d'exposer à fond quels sont, sur les côtes maritimes, les ports de commerce ; dans l'intérieur des continents, les voies de communication, les villes de quelque importance, leur population, leur industrie, les débouchés qu'elles offrent au commerce, les principales places de commerce et les routes de terre et de mer qui les relient les unes aux autres. Comment faire comprendre l'ordre économique moderne, sans montrer les rapports constants de l'agriculture, de l'industrie et du commerce, en étudiant les richesses de notre sol, les produits de nos manufactures et les facilités données à notre commerce intérieur. Pour la France, il convient d'examiner les principaux centres de production ; quant aux autres pays, il suffit de les considérer dans leurs relations avec la France. L'étude minutieuse de leurs manufactures et de leurs voies intérieures dépasserait la mesure. On peut se borner à indiquer les points qu'atteint ou que peut atteindre le commerce français, la nature de ce commerce, la part qu'y prennent les principaux Etats, les grands ports et les grandes routes de commerce, le mode d'échange ; et à décrire les matières premières et les produits les plus usités. En commençant cette étude par les pays d'Europe voisins de notre frontière, on procédera d'une façon logique, car dans la géographie du commerce général du monde, la France doit toujours rester point de départ et centre.

Quelques notions de statistique et de législation douanière sont nécessaires pour apprécier l'état du commerce, mais il ne faut pas abuser des chiffres.

Enfin, il y a une conclusion à tirer de l'étude de la France agricole, industrielle et commerciale comparée aux autres puissances. Une fois que la situation économique de notre pays est exposée, il reste à prévoir son avenir agricole, industriel et commercial, en parlant des mesures qui peuvent assurer sa prospérité et sa richesse. (1)

VII. — HISTOIRE DU COMMERCE FRANÇAIS.

On ne doit point se contenter d'exposer les éléments de l'organisation actuelle de notre industrie et de notre commerce, il faut encore rechercher dans le passé les origines de notre tempérament national.

Pour faire apprécier à des hommes du XIXe siècle les bienfaits que leur assure le progrès des mœurs et des institutions économiques, il faut leur faire comparer le présent au passé. On peut ainsi calmer les impatiences, et l'énumération des progrès réalisés déjà, paraît un sûr garant de ceux qui restent encore à faire. Nous avons dit qu'il faut vérifier l'exactitude des principes de l'économie politique par l'expérience de l'histoire; il est non moins utile d'éclairer l'histoire par l'économie politique. Aussi, pour toutes ces raisons, l'histoire du commerce et de l'industrie est un sujet fertile en enseignements.

L'histoire de l'état et des institutions économiques,

---

(1) La géographie économique pourrait faire l'objet des conférences suivantes :

La France agricole ; — la France industrielle ; — La France commerciale ; — le Régime douanier ; — la Marine marchande ; — la France industrielle et commerciale comparée aux autres puissances ; — les Colonies françaises ; — la lutte économique internationale.

des forces productives et des courants commerciaux, peut révéler les secrets de la grandeur ou de la faiblesse des nations. On peut faire sortir de l'histoire des faits et des doctrines les grandes lois économiques, universelles et nécessaires de la vie des peuples. Il y a, en effet, des lois naturelles sur lesquelles est fondé le commerce, et dont la connaissance doit contribuer à rassurer l'homme instruit au moment des crises politiques ou commerciales, et à lui servir de guide pour régler sa conduite.

En retraçant l'histoire de l'organisation du travail, du commerce et de l'industrie en France, avant et depuis 1789, il faut s'abstenir de toucher aux côtés purement techniques ou géographiques des sujets que l'on doit traiter, et n'envisager seulement que leur côté économique, en s'appuyant sur des documents précis et authentiques. La tâche est facile depuis que les historiens agitent beaucoup plus les questions financières et commerciales, pour remonter aux causes véritables des évènements politiques et militaires.

Dans une telle étude, on montrera l'influence du commerce et de l'industrie sur la civilisation, la création et le déplacement des centres de fabrication ; l'histoire des classes laborieuses au point de vue de l'accroissement de leur bien-être ; les institutions successives qui ont favorisé l'agriculture, l'industrie et le commerce; les progrès de la politique et de la législation économique, c'est-à-dire des lois ou mesures gouvernementales dont la dominante est l'utilité et qui ont pour objet : l'économie rurale, le système monétaire, le crédit, les banques, les moyens de communication, les tarifs douaniers, la marine marchande, etc... L'histoire de la civilisation économique appliquée à un peuple déterminé peut éclairer les destinées de ce peuple ; elle fournit les éléments de l'économie politique nationale, spéciale à chaque pays, et différente d'elle-même suivant les âges, en permettant de découvrir et d'énoncer des vérités particulières et locales non moins importantes que les vérités générales auxquelles elle s'appuie.

Aujourd'hui, avec le progrès industriel et la prépondérance de ceux qui travaillent, l'avenir est aux nations qui sauront se donner une industrie et s'ouvrir des marchés. Il faut donc se demander si la France a le génie commercial et colonisateur.

L'histoire du commerce répond à cette question. C'est elle qui nous révèle l'énergie de notre race. L'analyse des événements de notre vie économique peut nous faire entrevoir le sort destiné à notre pays ; en nous demandant ce qu'a été dans le passé notre politique du commerce, nous pourrons entrevoir ce qu'elle peut être dans l'avenir.

Notre territoire est merveilleusement disposé par la nature pour le travail, l'industrie, le commerce et la navigation. Cependant, nos ancêtres en ont laissé pendant des siècles l'exploitation aux étrangers : Phéniciens, Grecs, Romains, plus tard, Juifs et Lombards. Le commerce français n'est même pas né avec la nationalité française ; ce n'est qu'au XVe siècle qu'il est passé des étrangers aux Français.

Le caractère du régime prohibitif du moyen-âge, le rôle des Juifs, l'influence des croisades, qui, rétablissant l'ancienne communication entre l'Europe et l'Asie, ouvrent les voies au commerce extérieur, méritent l'attention. Au XIIIe siècle, à une période de transition succède une période d'extension. Il faut décrire les grandes foires, noter la chute des Juifs et l'avènement des Lombards au commencement du XIVe siècle.

Si les progrès commerciaux n'ont pas tourné à l'avantage des Français, cela tient au tempérament belliqueux et purement politique de la nation, à la protection, à la réglementation et aux privilèges que la royauté accordait ou imposait à nos corporations et à nos compagnies de négoce, tandis que les associations et compagnies semblables d'Allemagne et d'Italie avaient fait elles-mêmes leur réglement.

Notre race n'a pas le goût des voyages, mais elle a une faculté d'assimilation toute spéciale. Accueillis par nos ancêtres, les Lombards oublièrent leur pays natal ou admirent beaucoup d'associés français ; aussi est-ce à eux que nous devons la science du commerce et l'organisation du crédit.

Depuis les Croisades jusqu'à la fin du XVe siècle, le système politique du moyen-âge décline peu à peu et finit par disparaître. En face de la noblesse militaire et de l'Église s'élèvent la royauté et les communes. On voit les rois adopter un système économique. L'œuvre commerciale de la royauté, ébauchée sous Philippe-le-Bel, s'accuse sous Charles V et se développe définitivement sous Charles VII. C'est Jacques Cœur qui sait créer entre notre pays et l'Orient le plus fécond des mouvements d'échange et de trafic. L'œuvre de ce grand Français aurait été perdue, si elle n'avait point été reprise et poursuivie par Louis XI.

Au XVe siècle naît le commerce français, qui depuis n'a pas cessé de se développer.

Au XVIe siècle, les découvertes maritimes changent les routes de commerce, qui se transportent de la Méditerranée à l'Océan Atlantique, chemin des deux nouveaux mondes: les Indes orientales et les Indes occidentales ; le commerce maritime se substitue presque généralement au commerce par terre; Lisbonne et Cadix deviennent les centres du trafic.

Au XVIIIe siècle, le commerce se répand dans toute l'Europe occidentale. La France, la Hollande et l'Angleterre ravissent une partie des possessions lointaines appartenant aux Espagnols et aux Portugais, qui avaient détrôné la Ligue hanséatique et Venise, et dominé, pendant près de deux siècles, l'Atlantique et l'Océan Indien. La fondation de colonies agricoles, qui sont des débouchés privilégiés pour les produits de la mère-patrie et fournissent à celle-ci des denrées, des matières premières et des instruments de travail; l'organisation de compagnies commerciales investies de pouvoirs politiques et militaires; l'extension des privilèges, des monopoles et des prohibitions; le progrès presque général de l'industrie, que le système protecteur défend contre la concurrence étrangère, et qui peut tirer directement des pays de production les matières premières; tous ces faits assurent un brillant essor au commerce des grandes puissances maritimes de l'Europe.

En France Henri IV et Sully, Richelieu, Colbert et Louis XIV, ont une influence personnelle considérable sur le mouvement économique de cette époque.

La France jusqu'au XVIIe siècle, n'avait joué qu'un

rôle secondaire dans l'histoire des découvertes. Sous Henri IV les premières colonies françaises s'organisent. Samuel Champlain fonde, en 1608, Québec sur le Saint-Laurent, entrepôt des pelleteries du Canada. Colbert crée les cinq grandes Compagnies commerciales qui bientôt étendent leurs opérations au monde entier.

Au dix-huitième siècle, des novateurs exercent la plus grande influence sur le commerce intérieur et extérieur, par la fondation de banques publiques et de compagnies commerciales.

En 1717, les cinq grandes Compagnies de commerce sont absorbées par la Compagnie d'Occident, qui crée, à l'embouchure du Mississipi, le port de la Nouvelle-Orléans, et donne un puissant essor à nos colonies de l'Océan Indien : Bourbon, l'Ile-de-France, Pondichéry, Chandernagor. Ces dernières, sous l'administration de Dupleix, en 1749, comptent un moment 30 millions de sujets. De 1745 à 1756, Dupleix et La Bourdonnaye, jettent les bases d'un empire colonial, qui, s'ils eussent été soutenus par le gouvernement de Louis XV, aurait égalé l'empire actuel des Anglais aux Indes Orientales.

C'est à l'inertie du gouvernement qu'il faut attribuer la ruine de notre commerce extérieur au profit de l'Angleterre.

Mais à la fin du dix-huitième siècle, le progrès des sciences naturelles et les réformes dans l'ordre économique préparent la période contemporaine.

Au dix-neuvième siècle, de 1789 à 1815, les troubles politiques et les guerres continuelles arrêtent le développement des échanges. Le commerce intérieur et extérieur prend un essor considérable, grâce au progrès politique, scientifique et économique, à la multiplication des routes et des canaux, à la création des premiers chemins de fer et des paquebots; enfin, de 1848 jusqu'à nos jours, le commerce est agité par des révolutions politiques dans les deux mondes, par des utopies sociales, par de longues et terribles guerres ; il est ballotté entre le libre-échange et la protection ; mais le crédit et l'extension prodigieuse des voies de communication rapide de toute nature lui permettent de se soutenir et de se développer (1).

L'histoire du commerce, en nous montrant comment s'est formé notre tempérament commercial et colonisateur, en nous faisant remonter aux causes de nos succès et de nos revers, nous trace la voie que nous avons à suivre pour rester ce que nous sommes : un peuple puissant au point de vue industriel et commercial, qui peut trouver en lui-même, dans ses aptitudes commerciales et industrielles, la force et le courage nécessaires pour ne point se laisser dépasser par les nations rivales.

N'est-il pas bon de propager ces idées ?

VIII. — HISTOIRE DE L'INDUSTRIE.

Pour les travailleurs, l'histoire des inventions industrielles n'est pas moins utile que l'histoire du commerce. Ces deux matières se complètent l'une l'autre; l'histoire

(1) Voir *Histoire du Commerce français*, de M. Périgot et celle de M. Pigeonneau.

du commerce ne fait que signaler au point de vue économique les principaux résultats du travail humain ; l'histoire des arts et métiers, se plaçant au point de vue technique, montre les origines des instruments et des outils, et tout ce qu'il y a de successif et de progressif dans la marche et le développement des industries.

L'histoire technologique facilite l'étude de l'économie politique. Cette dernière n'a pas à se prononcer entre les procédés du travail industriel, mais elle doit connaître l'influence de l'art industriel sur la production des richesses.

On peut dire que l'histoire des arts et métiers est pour les travailleurs, l'équivalent de l'histoire politique et sociale des temps anciens pour les érudits ; de plus, en faisant saisir le lien qui rattache les industries les unes aux autres et à la science, elle fait ressortir ce que les professions manuelles ont d'honorable. Elle est donc d'une sérieuse importance pour les ouvriers.

Voici comment le *Plan d'études, publié en 1866 pour l'enseignement secondaire spécial*, traçait le programme d'une histoire des inventions industrielles, c'est-à-dire des efforts par lesquels le travail, aidé de l'intelligence, a pu assurer le triomphe de l'homme sur la matière.

« Le professeur examinera successivement les grandes industries dont la création et le développement ont fait époque dans la vie de l'humanité. Il montrera l'homme mettant successivement à profit sa propre force et celle des animaux, celle du vent et de l'eau, celle du feu, de la lumière et de l'électricité. Il fera voir que les premiers progrès de la civilisation, au point de vue matériel, reposent sur la découverte du blé, sur l'invention de la charrue, sur la cuisson des poteries et l'extraction des métaux, c'est-à-dire sur trois emprunts faits aux sciences naturelles, à la mécanique et à la chimie. Il poursuivra l'appréciation de cette pensée jusqu'aux temps modernes, et il fera voir que ce fil conducteur, une fois trouvé, l'homme s'en est toujours servi, et qu'il est encore l'occasion de ses plus brillantes nouveautés. Pour chaque invention, il montrera la matière première employée ; il analysera succinctement les opérations que l'industrie lui fait subir et il mettra en évidence l'idée précise qui en forme le lien et à laquelle elles donnent un corps. Dans cette histoire des inventions de l'agriculture, de l'industrie et du commerce se placeront naturellement à leur rang et à leur date les biographies des savants, des inventeurs ou des fabricants qui les ont réalisés par leur science, leur génie et leur activité, et lorsque le professeur rencontrera de nobles caractères, tels que ceux de Berthollet, de Fresnel, d'Ampère ; des hommes lentement formés par la puissance de l'effort personnel, comme Bernard Palissy, Vauquelin, Jacquard, Philippe de Girard, modèles d'assiduité au travail, de fermeté ou de dévouement, il les éclairera d'une vive lumière, afin de montrer tout ce qu'il est au pouvoir de chacun de nous d'accomplir pour honorer sa mémoire et servir son pays. Cette histoire des inventions industrielles sera donc en même temps un cours de morale pratique, une véritable morale en action ; et ce sera aussi le cours le plus fécond en fertiles pensées, car les exemples sont les meilleures leçons. Pour remonter ainsi à l'idée mère d'une industrie, il faut unir à une pratique sûre des procédés des arts, le sentiment exquis des éléments scientifiques sur lesquels ils reposent, et savoir discerner dans toute invention l'idée même qui en est l'âme et les moyens d'exécution qui en sont la matérialisation »(1).

L'histoire des arts et métiers ne présente pas seulement un intérêt scientifique, elle fournit les éléments nécessaires pour comprendre la nouvelle économie du travail, et elle a de plus une grande portée morale. Elle est en somme l'histoire des artisans célèbres : aussi permet-elle de réfuter l'opinion de ceux qui ne voient dans l'opération des métiers qu'une routine dans laquelle les applications de l'intelligence ne jouent qu'un faible rôle. Il faut le répéter, car on l'oublie parfois, toutes les créations qui ont amené les progrès industriels les plus considérables, l'imprimerie, les arts docimastiques, la vapeur, les chemins de fer, l'électricité, sont personnifiés dans les noms de Gutemberg, Palissy, Franklin, Watt, Fulton, Stephenson, Rumkorff, tous simples artisans à leurs débuts. L'histoire de l'industrie permet donc d'éveiller tous les bons sentiments sans avoir l'air de prêcher.

Les matières que nous venons d'indiquer conviennent admirablement à l'élite de la population ouvrière. En effet, dans tout un ensemble de personnes qui sont occupées aux mêmes travaux, il y a des obligations et des aspirations qui correspondent à leur profession.

---

(1) M. Maigne a réalisé ce programme dans son *Histoire de l'industrie*. Paris, 1884, Belin. — On pourra puiser dans ce petit volume une foule de détails sur les questions suivantes : — Les inventeurs célèbres ; — l'alimentation ; — le vêtement ; — la poterie et la verrerie ; — le papier ; — l'imprimerie ; — l'éclairage et le chauffage ; — les moteurs.

Mais les enfants de la même patrie, tous les citoyens sont soumis aux mêmes lois politiques et civiles. Dans un pays où chacun participe à la chose publique, personne ne devrait ignorer ses droits et ses devoirs, les intérêts et les besoins de l'Etat, et l'histoire nationale.

IX. — HISTOIRE NATIONALE.

L'histoire a commencé par être presque uniquement militaire ; aujourd'hui elle est devenue politique. L'enseignement populaire de l'histoire nationale doit donc s'attacher surtout à l'étude des institutions et du progrès social (1).

L'histoire ne commence pas en 1789. Pour la période antérieure à cette date, il ne faut parler des guerres que pour bien caractériser les différentes phases de la formation territoriale de la France et la part qu'y a prise la monarchie ; mais il faut insister sur les transformations sociales, la lutte des communes et de la royauté contre la féodalité, la Réforme, la politique économique de Colbert, etc.

(1) Voici le programme que l'on pourrait adopter pour une série de conférences sur l'histoire : — 1° *La France avant* 1789 ; — *les personnes ;* — *les terres* ; — *les institutions ;* — *les mœurs.* — 2° *La France depuis* 1789 ; — *la Révolution* ; — *le premier Empire ;* — *les gouvernements intérieurs de* 1815 *à* 1875 ; — *la France et l'Europe de* 1815 *à* 1870 ; — *les arts, la littérature, le progrès scientifique au XIX*e *siècle.*

Depuis 1789, les guerres n'ont été que des luttes d'influence politique et n'ont pas contribué au développement réel de la France; il y a lieu de leur attribuer une part moins importante encore. Il n'y a d'exception à faire que pour la guerre de 1870 et les expéditions coloniales françaises comparées à celles des puissances étrangères. Quant à l'histoire intérieure, elle se confond dans une large mesure avec l'histoire constitutionnelle.

X-XI. — DROIT PUBLIC ET DROIT CIVIL USUEL.

Faire connaître nos lois, c'est les faire aimer, car elles donnent satisfaction à l'équité naturelle et à l'utilité sociale ; en s'adressant à la raison, elles peuvent contenir les passions et diriger la volonté.

Tout l'édifice de la loi repose sur la présomption légale de sa connaissance. En fait, pour être exécutées, les lois ont besoin d'être connues. Celui qui possède des notions générales sur les lois usuelles sait quels sont ses devoirs et ses droits, peut mieux discerner le bien et le mal, et se diriger à travers toutes les difficultés de l'existence humaine.

Mais que sera l'enseignement populaire du droit public et du droit civil ?

Le cours de droit public, qui comprend le droit constitutionnel, le droit administratif et le droit criminel, doit se borner à un exposé pratique de la législation en vigueur, sans commentaire, sans échappées surtout vers les abstractions du droit naturel. Mais les rapprochements sobres et bien choisis entre le passé et le présent, entre la France et les pays étrangers, pourraient avoir de l'attrait pour un auditoire avide de faits et de comparaisons.

On peut ramener le droit public aux matières suivantes: *L'Etat et ses attributions; — la Constitution française; — les rapports de l'Etat et des citoyens; — le budget; — les impôts et les dépenses publiques; — le département et la commune; — les lois relatives aux cultes; — le droit pénal.*

De même pour le droit civil, il ne s'agit pas de faire des légistes capables de résoudre les espèces les plus compliquées; il faut seulement appeler l'attention des jeunes gens sur les points les plus saillants de la doctrine, en les rendant sensibles par des exemples; signaler les actes qui entraînent de grandes conséquences, relever la sanction des devoirs rigoureux, enfin donner les formules des actes les plus fréquents de la vie. — *L'état civil; — la famille et le mariage; — la puissance paternelle; — la tutelle; — le patrimoine et la propriété; — les contrats; — les obligations naissant d'autres faits que les contrats; — les relations du droit de famille et du droit des choses; — le contrat de mariage; — les successions; — la marche à suivre dans un procès;* — tels sont les sujets que l'on peut choisir.

XII. — LITTÉRATURE ET ESTHÉTIQUE POPULAIRE.

La jeunesse ouvrière trouvera dans les différentes matières que nous venons d'indiquer les éléments d'une sérieuse éducation économique et sociale. A côté de cet ensemble de connaissances qui constitue, en quelque sorte, la philosophie du travailleur et du citoyen, et pour ne pas négliger un moyen de culture intellectuelle, il convient de donner l'hospitalité à l'étude raisonnée du mouvement littéraire ou artistique, dont l'influence est grande sur l'ouvrier des villes. En effet, à certaines heures, l'ouvrier a des besoins purement intellectuels; c'est souvent un poète ou un artiste. Il est donc bon d'établir pour ceux qui exercent une profession manuelle des conférences sur le théâtre et les romans populaires, ainsi que sur les rapports des beaux-arts avec l'industrie.

Une étude bien comprise de la littérature populaire serait un véritable cours de morale pratique. Pour cela, il ne suffit pas de faire admirer les œuvres des génies qui sont pour nous des gloires nationales, il faut encore rechercher des leçons morales en analysant les écrits des romanciers, des dramaturges ou des poètes, qui ont eu le plus d'influence sur l'esprit de notre génération.

Le goût de l'art est plus commun qu'on ne pense parmi les artisans. Aussi les ouvriers des industries d'art trouveraient dans l'esthétique populaire un utile complément des cours de dessin qu'ils suivent. Il importe de traiter devant eux des sujets qui ne sont guère exposés que dans les livres chers ou devenus rares, qu'ils ne peuvent pas se procurer, n'ayant pas les avantages d'un musée analogue au South-Kensington, qui fait parvenir des ouvrages spéciaux à céux qui les demandent. Parmi les sujets que l'on pourrait traiter, mentionnons les suivants :

L'intervention de l'art dans l'industrie et l'influence de l'industrie sur l'art.

Les vicissitudes de nos industries d'art, leur situation d'après les enquêtes officielles et les statistiques, et les moyens de les perfectionner.

Les Musées industriels et les expositions d'art en France et à l'étranger.

Les grandes manufactures de l'Etat : (Les Gobelins, Sèvres, Beauvais).

L'enseignement des arts décoratifs et industriels avant et après 1789.

Pour révéler la population ouvrière à elle-même, tout enseignement supérieur populaire doit être en harmonie avec les aspirations et les besoins de la démocratie ; aussi, pensons-nous que dans le nouveau plan d'études que nous venons d'esquisser, il y a matière à des leçons pratiques, intéressantes, qui serviraient de corollaire à l'enseignement professionnel et à l'instruction primaire. Entendue dans le sens que nous avons indiqué, l'émancipation des travailleurs, — (ce mot si dangereusement prodigué et qui sonne si mal à un si grand nombre d'oreilles,) — rentre dans la force des choses et ne saurait effrayer.

CHAPITRE III

ESPRIT GÉNÉRAL DE LA SOCIÉTÉ D'ENSEIGNEMENT ÉCONOMIQUE

Le moment est propice pour entrer en rapport direct avec les ouvriers, car les théories révolutionnaires ne paraissent pas avoir grand crédit auprès d'eux.

Aussi la SOCIÉTÉ D'ENSEIGNEMENT ÉCONOMIQUE cherche-t-elle à augmenter le nombre de ses membres en s'adressant aux jeunes gens instruits et dévoués, en les priant de se joindre à elle pour entreprendre la tâche si utile et si patriotique de mettre l'enseignement du droit, de l'histoire et de l'économie politique à la portée des travailleurs.

Quand l'ouvrier intelligent et studieux sera plus instruit, plusieurs vérités pourront pénétrer dans l'esprit de la masse des travailleurs. Voilà tout ce que l'on peut espérer de cette vulgarisation des sciences économiques et sociales. Si peu que ce soit, cette espérance est peut-être encore une vaine illusion; mais enfin, il ne faut renoncer à une idée généreuse que lorsqu'on a essayé de la réaliser et de lui donner un corps.

On a dit que pour bien s'occuper de l'enseignement, il faut s'en occuper avec amour : pour réussir, il faut aussi, croyons-nous, avoir l'enthousiasme qui est le privilège de la jeunesse.

La SOCIÉTÉ D'ENSEIGNEMENT ÉCONOMIQUE recherche les jeunes gens instruits, sachant respecter les opinions politiques ou religieuses de chacun, et comprenant que le succès d'un enseignement public gratuit dépend en partie de la régularité des professeurs.

A tous ces titres, que d'hommes pourraient lui apporter un précieux concours ! Si le but qu'elle poursuit leur paraît utile, si leurs occupations leur permettent d'en faire partie, pour les décider à venir à elle, il nous reste à insister sur l'esprit général de l'enseignement qu'elle voudrait donner.

Dans toute société d'enseignement, il faut des idées communes ; si vous n'avez pas cherché à assurer le maintien de certaines traditions, l'unité des programmes, vous n'avez que des actions isolées, fonctionnant avec des tendances et des prétentions diverses ; or, selon le mot de Cromwel : « On ne va jamais aussi loin que lorsqu'on ne sait pas où l'on va. »

Le scepticisme est le grand danger de toute association purement scientifique, heureusement la SOCIÉTÉ D'ENSEIGNEMENT ÉCONOMIQUE possède l'unité de but, de méthode et d'esprit.

Dans un esprit exclusivement scientifique, et guidé par un sentiment patriotique, elle s'adresse aux jeunes ouvriers désireux de compléter leur instruction.

Elle veut contribuer au progrès moral et intellectuel

des travailleurs. Le but qu'elle poursuit est patriotique. Persuadée que l'avenir est aux nations les plus sages et les plus instruites au point de vue économique, la SOCIÉTÉ désire avant tout contribuer à la prospérité morale et industrielle de la France. Elle y parviendra en éveillant dans le cœur des jeunes artisans l'amour de leur pays par le récit de l'histoire nationale. Elle leur fera entrevoir l'espoir d'améliorer leur sort par la pratique de l'épargne, de l'assurance et de la coopération. Elle leur inspirera le respect du droit par l'étude du droit public et du droit civil, l'esprit de recherche et d'invention par l'histoire des arts et métiers, le désir de porter haut le drapeau de la France par la recherche des moyens de triompher dans la concurrence internationale, grâce à la connaissance approfondie de la géographie économique, de l'histoire du commerce et de l'industrie, du droit industriel et commercial et surtout de l'économie politique.

Mais un tel enseignement doit avoir un caractère simple et familier. Il y a moins à chercher à accumuler des notions théoriques dans des cerveaux mal préparés à les recevoir, qu'à accoutumer les esprits aux difficultés, aux lenteurs, aux exigences de la pratique et à l'interprétation des faits. Quand on s'adresse à des esprits peu cultivés, il faut s'en tenir aux principes généraux, sans phrases et sans déclamations. « Il faut instruire les hommes comme si vous ne les instruisiez pas », disait Pope. Il convient essentiellement de rendre agréable l'étude de l'économie politique et des sciences annexes, qui trop souvent sont arides et abstraites. On y arrivera en introduisant avec tact des leçons de choses, des anecdotes intéressantes, des développements pittoresques, capables de frapper l'imagination (1). Pour l'histoire comme pour le droit, il s'agit aussi d'inspirer le goût de l'étude, plutôt que de surcharger l'esprit de dates, de difficultés d'école ou de projets de réformes. Le langage doit être simple, précis, pour convaincre des esprits dont la sagacité instinctive veut pénétrer le fond des choses; il faut s'efforcer de donner des notions pratiques sous la forme d'une conversation plutôt que d'une leçon. C'est dans ces limites que doit se renfermer un enseignement élémentaire.

Positive par sa méthode, l'intruction donnée par la Société d'enseignement économique doit s'appuyer sur l'étude des lois, des faits et de l'expérience. L'histoire et la législation garantissent contre les digressions et fournissent un terrain solide à l'observation des faits. Comme on l'a dit, « avec la théorie, l'esprit s'égare trop souvent, avec la loi, il trouve toujours un guide sûr, et c'est là parole de la loi qu'il faut faire entendre ». Mais il faut aussi vulgariser la science, restaurée et retrempée dans l'étude de l'histoire et des nations étrangères.

Respectueuse des principes, la Société n'oubliera pas que tout homme doit se méfier des théories pures. C'est en ne sortant jamais de la réalité que l'enseignement aura un caractère vraiment pratique.

Entre les membres de la Société, ce qu'il y a de com-

(1) On peut consulter les recueils spéciaux de passages tirés des écrits des économistes qui, sous la forme ingénieuse de récits ou de fictions, montrent les lois économiques en action.

mun c'est cette *discipline intellectuelle*, dont parlait un jour l'honorable M. Boutmy, qui a pour caractères distinctifs : « *le dégoût des affirmations tranchantes, le sentiment de la difficulté des questions et l'habitude de ne conclure que sur de bonnes preuves, et juste dans la mesure que ces preuves autorisent.* » Par exemple, en enseignant l'histoire, il s'agit d'apprécier les faits sans l'idée arrêtée d'approuver tout ce qui plait et de critiquer tout ce qui déplait.

Dans l'étude du droit public, il faut montrer que sous un gouvernement démocratique, il y a un art d'utiliser les libertés légales pour la réalisation pacifique du progrès. On ne peut pas se borner à un exposé doctrinal de principes abstraits, toujours plus ou moins incertains et contestables ; il faut faire précéder l'explication de la constitution qui nous régit, d'un résumé des différentes constitutions qui se sont succédé chez nous depuis 1789. De cette manière, l'enseignement reposera sur les faits et sur l'expérience d'un siècle. La neutralité politique n'est, en définitive, que l'impartialité.

L'économie politique n'a rien de commun avec la politique proprement dite et cependant, comme l'a fort bien dit M. de Laveleye, « une bonne constitution politique est la première condition du progrès économique ; le despotisme et l'anarchie y mettent également obstacle, cela est certain ; mais il ne faut pas confondre la question de la constitution politique et de la forme de gouvernement. En effet, de nos jours, les mêmes problèmes économiques se posent dans tous les pays de l'Occident, qu'ils aient accepté la république ou la monarchie ; je ne citerai que les crises financières, les luttes entre capitalistes et ouvriers, les grèves. Certes, il ne faut pas méconnaître l'influence exercée par les institutions politiques; telle forme de gouvernement sera plus favorable que telle autre à telle ou telle mesure économique ; mais enfin, cela est peu de chose, comparativement à l'influence des lois générales et spécialement des lois économiques qui produisent à peu près partout les mêmes effets, quelle que soit la forme de gouvernement. »

A une époque où la science manque et où la discussion, livrée au hasard, se perd trop souvent dans les divagations politiques, il nous paraît bon de grouper des hommes bien décidés à rester sur le terrain scientifique, historique et juridique, et qui peuvent poursuivre en commun un même but, sans renoncer à leurs convictions réciproques sur d'autres points. La pensée qui inspire les membres de la SOCIÉTÉ D'ENSEIGNEMENT ÉCONOMIQUE est celle qui a présidé à la fondation de l'*Alliance française pour la propagation de notre langue* : une pensée d'union en vue d'un but commun, « *la paix sociale.* »

Enfin, animés d'un amour sincère de la démocratie, les membres de la SOCIÉTÉ cherchent à montrer la puissance de l'effort personnel et de l'initiative privée, et à développer le sentiment de la prévoyance individuelle. Nous sommes convaincus que la liberté, l'initiative privée et la prévoyance, peuvent trouver dans l'organisation économique de notre monde moderne un principe fécond de développement et de vie. C'est là surtout ce qu'il importe de signaler à la démocratie, dont les aspirations sont souvent légitimes. Il y a des réformes démocratiques que l'on peut poursuivre en commun et dont la sincérité défie tout ombrage. Qui donc refuserait de s'associer au désir de faciliter à l'ouvrier son ascension dans la hiérarchie sociale, en lui indiquant les moyens pratiques à l'aide desquels il pourra adoucir, guérir même, ses souffrances physiques et morales, sauvegarder sa dignité, assurer son bien-être et celui de sa famille ?

Dans ces conditions, tous les hommes de bonne volonté, sans sacrifier leurs convictions sur d'autres points réservés, peuvent se donner la main, quelles que soient leurs opinions politiques ou leurs croyances religieuses.

Mais comment, dira-t-on, observer la neutralité religieuse,en traitant les questions sociales et économiques sous le rapport légal et pratique, qui présente une affinité intime avec le rapport moral et religieux ?

Certes, il peut paraître difficile de séparer les idées et les tendances sociales de l'ensemble des croyances d'un peuple.

Mais pour découvrir les lois de la société, la méthode théologique n'est pas la seule qu'on puisse employer; on peut avoir recours à la méthode scientifique. Cette dernière n'enseigne-t-elle point par des moyens différents l'idée du bien, du juste et du droit, qui sont le centre de gravité du monde moral.

La méthode scientifique convient à un enseignement qui, pour rester positif, doit s'appuyer sur les faits économiques et historiques, et sur des textes de lois.

Un tel enseignement s'adresse à tous. On comprend dès lors que l'on doive en écarter les discussions purement religieuses. Là même où des considérations tirées de la morale s'imposent, on peut s'en tenir à la morale de Franklin, que M. Audiganne a définie en termes éloquents :

« Franklin, dit-il, n'aborde ni le domaine de la morale religieuse, ni le domaine de la morale philosophique. L'un et l'autre, il les laisse dans leur sphère propre, les entourant de son respect, sans y pénétrer. Le souffle sacré qui anime la loi morale ne s'en respire pas moins dans ses écrits, mais ses conseils, au lieu de porter sur tous les devoirs, au lieu d'atteindre jusqu'à Dieu et à la destinée future, ne concernent guère que les rapports de l'homme avec ses intérêts journaliers. C'est sur la conduite de la vie habituelle et en vue d'écarter la misère, en vue d'y assurer l'aisance, que portent ses leçons. Sans oublier l'âme, il se donne pour mission d'enseigner à l'homme à se conduire de telle sorte qu'il soit sûr de pouvoir obtenir la sécurité du lendemain, procurer quelque bien-être à sa famille et mériter ainsi l'indépendance, premier bien de l'âme, première récompense de la modération. La morale de Franklin parle au bon sens de tous. C'est la morale du sens commun, quoique toujours subordonnée aux aspirations de la conscience. Dans un tel cercle, cette morale constitue réellement ce qu'on peut appeler l'*art de la vie*. Mais, qu'est-ce que l'art de la vie? C'est l'art d'arriver à l'aisance, à l'indépendance par des voies légitimes, par des moyens honnêtes, en se montrant aussi respectueux des droits d'autrui, qu'attentif à ses propres intérêts. Cet art, la conscience l'avoue, la raison le recommande; il ne coûte aucun sacrifice à la dignité de l'individu, et en stimulant ses efforts, il ne peut qu'augmenter sa valeur positive au profit de la société générale. Mais la condition suprême qu'on ne doit jamais séparer des désirs du succès, c'est l'honnêteté. Voilà le mot de tout homme qui veut pouvoir regarder sa conscience en face. Lorsque dans certaine pièce de notre théâtre un laquais effronté s'écrie : Pour faire fortune, il faut n'avoir ni honneur ni humeur ; il parle en valet de comédie et pour ceux qui en ont l'âme. C'est la pratique du fripon qu'il formule, ce n'est plus l'art de la vie. » Et M. Audiganne ajoute : « Dans l'arène signalée à l'ambition individuelle, l'honneur reste l'étendard sacré vers lequel le regard doit être incessamment tendu. L'esprit moderne cherche à propager l'aisance, c'est là sa tendance manifeste ; or, il ne peut préserver l'homme de la misère qu'en le relevant sur l'échelle intellectuelle et morale. Sur la voie du succès, tous les préceptes me semblent pouvoir se ramener à ces trois conditions : le travail, l'économie et l'association ».

A tort ou à raison, les ouvriers se méfieraient de professeurs de morale, mais on ne peut pas être accusé de faire des sermons en propageant cette idée, suggérée par la raison, que la dignité de l'homme impose le travail, condamne l'oisiveté, et que le respect du droit et l'accomplissement du devoir, la probité et la loyauté, sont le seul fondement de la prospérité. Personne ne peut impunément violer cette loi morale d'après laquelle l'homme, pour être heureux et dans l'aisance, doit savoir rester modéré dans ses désirs, réprimer ses appétits, ses passions mauvaises, et éviter de se créer des besoins qu'il n'a pas les moyens de satisfaire. La morale sociale montre ce que l'on peut attendre de la vie débraillée et dissipée ; elle enseigne la nécessité de la propriété et de la famille. A notre époque, il importe de restaurer la vie de famille et de prouver que l'épargne peut multiplier le nombre des propriétaires.

C'est ainsi qu'on formera une population laborieuse, intelligente, capable d'honorer l'industrie chez un grand peuple.

C'est ainsi que pourrait s'accomplir « *l'émancipation des travailleurs par les travailleurs eux-mêmes, sous l'égide de la liberté, avec la vérité, la justice, la morale pour guides.* »

CONCLUSION

Qu'on ne dise pas : « l'ouvrier n'est pas préparé à recevoir un enseignement comme celui dont vous parlez, lequel n'aura aucun attrait pour lui; d'ailleurs, s'il y prenait goût, il n'aurait pas le temps d'assister à des conférences. »

La réponse est facile. Toutes les idées essentielles dont les sciences morales et politiques se composent peuvent se ramener à des termes clairs pour tous et que les ouvriers, qui sont intelligents de race, sont parfaitement à même de comprendre.

L'esprit de l'artisan est aussi propre à recevoir ces utiles connaissances que celui de tout autre homme. L'intelligence est un don de la nature.

La tâche que nous proposons aux ouvriers n'est pas au-dessus de leurs forces et hors de proportion avec le temps qu'il peuvent y consacrer. Il suffira d'employer sérieusement la majeure partie des loisirs à l'étude, pour acquérir en trois ou quatre années des connaissances variées et pratiques.

Les apprentis et les jeunes ouvriers, sont, en général, libres le soir, dans la semaine, et le dimanche matin;

ceux d'entre eux qui, comprenant leur intérêt, voudront faire un effort, n'auront-ils pas l'occasion de passer utilement et sagement une partie des moments de repos qu'ils peuvent avoir ?

Il faut l'avouer, la difficulté n'est pas d'ouvrir des cours, mais d'y amener des auditeurs. On l'a fait remarquer, pour l'instruction ainsi que pour l'épargne et toutes les choses libres que la règle ou la loi ne forcent pas, les plus grands obstacles viennent des intéressés eux-mêmes ; « la masse ne fait que ce qui lui est imposé par une loi ou rendu attrayant par un intérêt immédiat et tangible ; il faut voir pour elle, car elle ferme les yeux aux longs espoirs et aux vastes horizons. »

Certes, quand l'enseignement est abandonné au zèle des professeurs et à la discrétion des auditeurs, il faut du temps pour arriver à un résultat sérieux. Mais quand on ne devrait amener à soi que ces rares natures de chercheurs et de travailleurs qui, sans qu'on les pousse, vont d'eux-mêmes au-devant de toutes les occasions susceptibles de les éclairer ou de les instruire, il faudrait encore créer ou maintenir une institution jugée utile.

On ne se doute pas généralement de la passion d'apprendre qu'on trouve chez les ouvriers. Les apprentis, qui ne sont plus des enfants, sont ordinairement disposés à s'instruire, mais les moyens leur manquent. Ne pourrait-on pas les pousser à suivre des cours qui ont un but utile et instructif ? On ne peut guère songer à faire des examens et concours que l'on établirait un moyen utile de recommandation, mais ne serait-ce pas exciter l'émulation des adultes que de promettre des récompenses annuelles aux plus méritants, des prix, des médailles ou une bourse dans une école d'arts-et-métiers ?

En attendant la formation d'institutions portant en elles-mêmes les éléments réunis des sociétés de secours mutuels, des associations polytechniques, du travail et de l'étude en commun, que la Société d'enseignement économique agisse, et essaie dès maintenant de gagner la sympathie de ses auditeurs, en les aidant dans les difficultés qu'ils pourront rencontrer, et en leur facilitant les moyens de se produire dans leurs spécialités.

Dans une des annexes de la Société des Soirées populaires de Verviers, on a placé en permanence une boîte dans laquelle tous les auditeurs sont libres de déposer une demande de renseignements sur un point de la conférence resté obscur ou sur tout autre sujet intéressant. Ces demandes n'ont pas besoin d'être signées. La boîte est levée le jeudi de chaque semaine, et à la séance du dimanche suivant l'un des membres du comité vient annoncer au public les questions reçues et donner les réponses qu'elles comportent. Ce nouveau moyen de se mettre en rapport avec le public des conférences et de connaître ses désirs, a eu, paraît-il, le plus grand succès (1). Peut-être réussirait-il également en France.

---

(1) Nous empruntons ce détail à l'*Histoire de l'Association polytechnique.*

A mesure que l'instruction sera plus répandue, les populations laborieuses ouvriront de plus en plus leur âme à l'influence des idées générales qui sont la base de la civilisation moderne.

Mais, dès maintenant, il ne faut pas oublier que l'éducation des intelligences populaires est le plus solide rempart qu'on puisse donner à l'ordre social.

L'œuvre entreprise par la SOCIÉTÉ D'ENSEIGNEMENT ÉCONOMIQUE ne nous semble pas prématurée. Espérons que son caractère éminemment démocratique aura la chance de conquérir la faveur du public !

Notre dernier mot sera un appel à tous les hommes de bonne volonté. Qu'ils méditent ces paroles que l'on trouve dans le livre de M. Dauby sur l'amélioration de la condition des classes laborieuses :

« Le travail manuel est abaissé, le dégoût s'y attache, « un abîme le sépare des professions libérales. Ravivez « l'esprit et le corps par l'alternance multipliée des occupations, relevez le labeur à ses yeux et aux yeux de « tous ; *faites du travail manuel une profession libérale, et cela en la dotant de ce qui constitue, « en réalité, la profession libérale : du savoir et de « l'intelligence !* »

TABLE DES MATIÈRES

DEUXIÈME PARTIE.

Organisation d'un enseignement supérieur populaire.

BF

Laval. — Imp. et Stér. E. JAMIN, 41, rue de la Paix.

www.ingramcontent.com/pod-product-compliance
Ingram Content Group UK Ltd.
Pitfield, Milton Keynes, MK11 3LW, UK
UKHW021116220726
13924UKWH00004B/1745

9 782019 700010